Les sept lois
pour guider vos enfants
sur la voie du succès

Les Sept Lois spirituelles du succès, 1995

Deepak Chopra

Les sept lois pour guider vos enfants sur la voie du succès

Traduit de l'américain
par Emmanuel Scavée

Âge du Verseau

ÉDITIONS DU
ROCHER
Jean-Paul Bertrand

Titre original : *The Seven Spiritual Laws for Parents*

Tous droits de reproduction, de traduction et d'adaptation réservés pour tous pays.

ISBN 2 268 03148 9

À ma femme Rita ;
à mes enfants Mallika et Gautama ;
et à mes parents, Krishan et Pushpa,
qui tous m'ont enseigné
le vrai sens du rôle parental.

Introduction

Dès sa publication, mon livre *Les Sept Lois spirituelles du succès* a suscité parmi mes lecteurs une réaction immédiate et très belle : des milliers d'entre eux, après l'avoir lu, se sont mis à pratiquer dans leur vie quotidienne les principes que la nature applique pour créer tout ce qui fait l'existence matérielle.

Beaucoup de ces gens, qui se trouvaient aussi être des parents, m'ont alors adressé des requêtes, sous des formes diverses, mais dont la préoccupation centrale était toujours la même : « Ces lois spirituelles m'ont apporté de tels bienfaits que je regrette de ne pas les avoir apprises il y a des années. La valeur de principes comme le don, l'absence de résistance et la confiance dans l'univers pour l'accomplissement de mes désirs me semble aujourd'hui évidente, mais il n'en a pas toujours été ainsi. J'ai dû lutter pour vaincre les habitudes destructives dans lesquelles j'ai été élevé. Comme parent, je ne veux pas que mes propres enfants prennent les mêmes mauvaises habitudes et connaissent plus tard les mêmes difficultés pour en changer. Que puis-je faire pour que cela n'arrive pas ? »

J'ai écrit ce nouveau livre pour répondre à cette attente et pour développer *Les Sept Lois spirituelles* à l'attention plus particulière des parents. Il montrera à ceux qui le désirent comment interpréter les lois spirituelles en termes qu'un enfant peut comprendre et appliquer. Ma démarche se fonde sur la conviction que tous les parents ont besoin d'instruments qui les aident à élever leurs enfants dans la compréhension véritable des mécanismes de la Nature et de la conscience.

Tout le monde aspire à quelque chose ; tout le monde a des désirs. Les enfants doivent savoir dès le commencement que le désir est le moteur le plus profond de la nature humaine. Il est l'énergie de l'esprit. Lorsque nous grandissons et que nous cherchons des réponses à nos interrogations fondamentales, ou que nous tentons de franchir les immenses épreuves qui jalonnent nos vies personnelles, ce qui nous pousse est ce même désir naturel qui faisait de nous des enfants curieux, rien de plus. Celui qui cherche la voie n'est autre que l'enfant qui, après avoir aspiré à l'amour de ses parents, aspire à celui de Dieu, et qui veut la créativité infinie après avoir voulu des jouets. Je vais m'employer dans ce livre à montrer aux parents comment leurs enfants peuvent réaliser au mieux leurs désirs et parvenir à ce qu'ils souhaitent dans la vie. Je vais donc m'efforcer d'expliquer des concepts spirituels de telle manière qu'un enfant puisse les comprendre. Mais cet ouvrage ne concerne pas simplement les enfants, car ce que les enfants doivent savoir, ce n'est jamais qu'une forme modifiée de ce que les adultes aussi doivent savoir.

Dans son culte de la réussite matérielle, la société a perdu de vue une vérité profonde : le succès dépend de ce que vous êtes, pas de ce que vous faites. L'Être, ou l'essence ou l'esprit — appelez-le comme vous voulez — est à la source de tout accomplissement dans la vie. Mais l'Être est très abstrait et, pour bien des gens, il apparaît plutôt comme une idée que comme une chose réelle et utile. Pourtant, si nous examinons les plus anciennes traditions de la sagesse humaine, nous y trouvons certains principes constants, reconnaissables et sûrs, par lesquels l'esprit de l'être éternel se déploie dans la vie quotidienne.

Certains auront peut-être du mal à comprendre comment les lois spirituelles ont pu demeurer dans l'obscurité pendant tant de siècles alors qu'elles ont une telle valeur dans notre vie de tous les jours. On pourrait dire par analogie que l'électricité n'a fait son entrée dans la conscience générale qu'après l'invention de l'ampoule à incandescence, malgré le fait que l'univers tout entier est imprégné d'énergie électrique depuis l'aube de la Création. L'Être, ou l'esprit ou l'essence est invisible également, et pourtant son influence sur la vie quotidienne est extraordinaire. L'intelligence invisible qui est derrière l'univers visible agit à travers sept lois spirituelles. Toujours par analogie, on pourrait ajouter que, si les lois de l'électricité n'avaient pas été découvertes, nous n'aurions jamais eu accès à ses applications pratiques.

Aujourd'hui plus que jamais, en ces temps de violence et de confusion, il est nécessaire que les parents assument auprès de leurs enfants leur rôle de guides spirituels. Les lois qui sous-tendent le fonctionnement de la nature ne sont pas l'affaire de quelques individus. Elles s'appliquent à chacun et à toute chose. Comprendre ces lois, ce n'est pas simplement le moyen d'aider l'une ou l'autre personne ; c'est vital pour notre société, et même pour notre civilisation. Si une masse critique de nos enfants sont élevés dans la pratique des Sept Lois spirituelles, notre civilisation tout entière en sera transformée. L'amour et la compassion, si souvent banalisés de nos jours, pourraient devenir le souffle vital qui anime l'existence de chacun. Notre devoir envers le monde, je crois, est de veiller à ce que le plus d'enfants possible grandissent en sachant ce qu'est la réalité spirituelle.

L'esprit a toujours été insaisissable. Un ancien texte indien nous apprend qu'un couteau ne peut Le trancher, que l'eau ne peut Le mouiller, que le vent ne peut Le chasser, que le soleil ne peut Le tarir. Chaque molécule dans l'univers est imprégnée de l'Être ; chacune de vos pensées, chaque élément d'information qui vous parvient par vos cinq sens n'est rien d'autre que l'Être. Mais l'Être peut malgré tout passer inaperçu, car il est totalement silencieux, comme un maître chorégraphe qui ne se joint jamais à la danse. Tous, nous trouvons notre soutien dans l'Être, nous recevons de lui notre vie même, et cependant nos propres parents ne nous en ont presque rien appris.

Mais nous pouvons tous être pardonnés pour notre méconnaissance de l'esprit et nous pouvons nous-mêmes apprendre les Sept Lois spirituelles avec autant d'enthousiasme que nous éduquons nos enfants. Là, surtout, se trouve l'idéal qui m'a guidé dans l'écriture de ce livre.

PREMIÈRE PARTIE

Les parents
et le don de l'esprit

Après tout, qu'est-ce que Dieu ?
Un éternel Enfant qui joue un jeu éternel
dans le jardin éternel.
SRI AUROBINDO

Le désir le plus profond qui habite le cœur des parents est de voir leurs enfants réussir dans la vie, mais combien d'entre nous sont conscients que la voie du succès la plus directe passe par l'esprit ? C'est un lien que nous n'avons pas l'habitude de faire dans notre société — bien au contraire. Nous apprenons à nos enfants à survivre, à se conduire de façon à mériter notre approbation, à se défendre, à chercher la compétition, à persévérer malgré les déceptions, les obstacles et les revers. Sans doute, la croyance en Dieu est-elle souvent considérée comme une bonne chose, mais la spiritualité est tenue à l'écart du succès dans la vie quotidienne. C'est une erreur qui a, depuis l'enfance, laissé des traces profondes dans toute notre vie.

Bien des gens partent du principe irrévocable que le succès est essentiellement matériel, qu'il peut être mesuré en termes d'argent, de prestige, ou d'abondance de biens. Toutes ces choses ont certainement un rôle à jouer, mais elles ne garantissent nullement le succès. La réussite que nous voulons pour nos enfants doit aussi être définie par des notions immatérielles. Elle devrait inclure l'aptitude à l'amour et à la compassion, la capacité d'éprouver de la joie et de la répandre autour de soi, le réconfort de savoir que sa vie sert à quelque chose et, enfin, le sentiment d'un lien avec la puissance créatrice de l'univers. Tout cela constitue la dimension spirituelle du succès, celle qui apporte la plénitude intérieure.

Si chaque jour le sens de votre vie se dévoile un peu plus pour vous, dans la simplicité et l'émerveillement, vous avez vraiment réussi — ce qui veut dire, profondément, que chaque bébé vient au monde avec le succès en partage. La faculté qu'ont tous les enfants de s'émerveiller devant l'existence quotidienne est la preuve la plus sûre que la nature veut notre succès. Il est dans notre nature même de réagir à la vie avec joie. Les semences de Dieu sont en nous. Quand nous entreprenons le voyage de l'esprit, nous irriguons ces semences divines. La bonne vie ne reflète rien d'autre que notre intention intérieure. Un jour, les fleurs de Dieu s'épanouissent en nous et autour de nous, et nous apprenons à contempler et à connaître le miracle du divin où que nous allions.

Notre responsabilité de parents est donc d'engager résolument nos enfants dans le voyage de l'esprit. C'est la meilleure chose que nous puissions faire pour garantir leur succès dans la vie. C'est mieux que de leur donner de l'argent, un foyer, ou même notre amour et notre affection. Je voudrais que vous songiez à cette dimension spirituelle du rôle parental, si différente qu'elle puisse être de la vision que vous en avez pour le moment.

Pour favoriser cette nouvelle façon d'élever nos enfants, nous avons besoin de principes pratiques à leur enseigner. Ceux auxquels je pense ont été présentés dans mon livre précédent comme les Sept Lois spirituelles du succès. Pour entrer en relation avec l'esprit, il est essentiel de connaître ces lois spirituelles. Quand nous les pratiquons, nous nous mettons en harmonie avec la nature. Tout autre mode de vie conduit à la peine et à la lutte. Le succès construit sur la lutte peut nous apporter de bonnes choses, mais il nous manquera la *plénitude* intérieure que nous recherchons dans celles-ci.

Dans la langue des adultes, les Sept Lois spirituelles peuvent être formulées ainsi :

PREMIÈRE LOI : *La Loi de la Pure Potentialité*
La source de toute création est conscience pure… pure potentialité qui cherche à s'exprimer du non-manifesté dans le manifesté.

DEUXIÈME LOI : *La Loi du Don*
Par la volonté de donner ce que nous recherchons, nous faisons circuler dans nos vies l'abondance de l'univers.

TROISIÈME LOI : *La Loi du Karma*
Lorsque nous accomplissons des actes qui
apportent le bonheur et le succès aux autres,
le fruit de notre karma est le bonheur et le
succès.

QUATRIÈME LOI : *La Loi du Moindre Effort*
L'intelligence de la nature fonctionne sans
effort... dans l'insouciance, l'harmonie et
l'amour. Quand nous tirons parti de ces
forces, nous créons le succès avec la même
facilité.

CINQUIÈME LOI : *La Loi de l'Intention et du
Désir*
Chaque intention, chaque désir, renferme
en soi le mécanisme de sa réalisation...
dans le champ de la pure potentialité, l'intention et le désir ont un pouvoir d'organisation infini.

SIXIÈME LOI : *La Loi du Détachement*
Dans notre désir de pénétrer dans l'inconnu,
dans le champ de tous les possibles, nous
nous abandonnons à l'esprit créatif, au
chorégraphe de la danse de l'univers.

SEPTIÈME LOI : *La Loi du Dharma*
Lorsque que nous mettons au service des
autres ce talent unique qui est le nôtre,
nous connaissons l'extase et l'exultation
de notre propre esprit, le but ultime de tous
les buts.

Peu importe que l'on parle ici de « lois » ou de « principes ». Ce sont des lois, dans la mesure où elles gouvernent le déploiement de l'esprit qui passe du monde invisible de l'âme au monde visible de la matière. Ce sont des principes, dans la mesure où nous pouvons les adopter et les appliquer comme nous appliquerions le principe de dire la vérité ou d'être loyal.

Pourquoi avons-nous besoin de tels principes ? Pourquoi ne pas enseigner simplement à nos enfants d'aimer Dieu et d'être bons ?

La réponse est qu'à travers les Sept Lois spirituelles une personne entre en contact avec les mécanismes de la nature. Lorsque vous alignez consciemment votre vie sur une loi spirituelle, vous en appelez à l'univers, qui vous soutient par le succès et l'abondance. Là se trouve la clé qui vous permettra de prendre conscience de votre Être propre et d'exploiter sa puissance infinie. Plus vite on apprend à vivre sans effort, de la manière la plus harmonieuse et la plus créative qui soit, plus on a de chances de rencontrer le succès à chaque étape de la vie. C'est ce que nous devons transmettre à nos enfants, et, si nous pouvons le faire, rien ne nous procure autant de joie et de fierté.

Toutes les traditions spirituelles renferment quelque version de ces sept lois, mais c'est de l'ancienne tradition védique — qui les a formulées voici plus de cinq mille ans en Inde — qu'elles émergent dans leur forme la plus pure.

Les Sept Lois spirituelles obéissent à une seule et même conception, que voici :

Tout être humain possède un corps, un intellect et un esprit. De ces trois entités, c'est l'esprit qui prédomine, car il nous relie à la source de toute chose, au champ éternel de la conscience. Plus le lien est fort, plus nous jouirons de l'abondance de l'univers, qui a été organisé pour combler nos envies et nos désirs. Nous ne souffrons et ne luttons que lorsque le lien est défait. L'intention divine est que chaque être humain connaisse un succès sans limite.

Le succès est donc suprêmement naturel.

Les enfants et l'esprit
L'enseignement de l'innocence

La langue des Sept Lois spirituelles, quand on l'enseigne aux enfants, doit prendre une autre forme, moins abstraite. Heureusement, les mêmes lois peuvent être formulées de façon à trouver le chemin du cœur et de l'esprit d'un jeune enfant.

PREMIÈRE LOI :
Tout est possible.

DEUXIÈME LOI :
Ce que tu cherches à obtenir, donne-le.

TROISIÈME LOI :
Par les choix que tu fais, tu changes l'avenir.

QUATRIÈME LOI :
Ne dis pas non — laisse-toi porter par le courant.

CINQUIÈME LOI :
Chaque fois que tu désires ou que tu veux, tu plantes une graine.

SIXIÈME LOI :
Profite du voyage.

SEPTIÈME LOI :
Tu es ici pour une raison.

Le jour où j'ai couché sur papier ces simples mots, je n'ai pas pris le temps d'y réfléchir beaucoup, mais par la suite quelque chose m'a frappé : si l'on m'avait enseigné ces sept phrases dans mon enfance, ma vie aurait été profondément différente. J'aurais eu connaissance d'une chose à la fois précieuse et pratique, d'une chose qui ne se serait pas estompée dans ma mémoire comme une leçon d'école, mais qui aurait mûri d'année en année en une véritable compréhension spirituelle.

Un enfant élevé dans le savoir spirituel pourra répondre aux questions les plus fondamentales sur le fonctionnement de l'univers, il comprendra d'où vient la force créatrice qu'il observe en lui et autour de lui ; il saura accepter, faire confiance et ne pas juger — les plus précieux des talents que nous puissions posséder dans nos relations avec les autres — ; il sera libéré de la peur paralysante et de l'incertitude quant au sens de la vie qui rongent en secret le cœur de bien des adultes… qu'ils l'admettent ou non.

La nourriture spirituelle est le don le plus profond que vous puissiez faire à vos enfants.

Il ne s'agit pas, bien entendu, de leur inculquer des règles strictes, comme nous leur apprenons à être sages s'ils ne veulent pas être punis. Chacune des Sept Lois spirituelles devrait être transmise non comme un précepte rigoureux, mais comme *votre propre façon de voir la vie*. L'éducation que vous donnez sera beaucoup plus efficace si elle vient de ce que vous êtes et non de ce que vous dites. C'est là un principe qui, en soi, participe de la perspective spirituelle.

Tous les enfants possèdent déjà une vie spirituelle. Car ils naissent dans le champ de la créativité infinie et de la pure conscience qu'est l'esprit. Mais tous les enfants ne savent pas que là est la vérité. L'esprit doit être cultivé ; il doit être nourri et encouragé. S'il l'est, alors l'esprit innocent de l'enfant se fortifie assez pour supporter les rudes réalités d'un monde qui, souvent, ne laisse que peu de place à la spiritualité.

Rompre le lien avec l'esprit ne cause aucun tort au champ infini de la créativité, qui échappe à toute atteinte, mais cela peut nuire beaucoup aux chances d'une personne dans la vie. Avec l'esprit, nous sommes tous des enfants du cosmos ; sans lui, nous sommes orphelins et désemparés.

Prenons un exemple. La Septième Loi dit : « Tu es ici pour une raison. » Pour un enfant, une raison d'être dans ce monde peut s'exprimer en termes simples et quotidiens, comme :

- Qu'ai-je fait aujourd'hui qui a son importance ?
- Quel talent me suis-je découvert ?

- Que m'est-il arrivé — un don, une leçon, une belle expérience — qui m'a fait me sentir spécial ?
- Qu'ai-je fait pour aider un autre à se sentir spécial ?

Ce sont autant de variations simples sur la même question fondamentale : « Pourquoi suis-je ici ? » Nous avons tous posé cette question quand nous étions enfants, et si nous avons cessé de le demander, c'est uniquement parce que nous sentions que nos parents et nos professeurs n'avaient pas vraiment de réponse à nous donner.

Un enfant qui n'a pas appris à chercher un sens à la vie par des voies toutes simples devra un jour s'efforcer d'en trouver un dans des circonstances bien plus difficiles. Nous reportons d'ordinaire cette quête jusqu'à l'approche de nos vingt ans, parfois même jusqu'au milieu de notre vie, qui sont malheureusement les périodes les plus troublées de notre développement personnel. « Le sens de la vie » devient confus, avec la rébellion et les émotions contradictoires qui caractérisent la fin de l'adolescence, ou avec la conscience croissante de la mortalité qui nous vient vers la quarantaine. À l'école, nous nous colletons avec les idées des grands maîtres religieux et des philosophes. Nous en venons à nous demander si l'existence a même un sens. (Je crois que tous ceux qui ont connu les années soixante se souviendront douloureusement de ces moments de doute.)

Un enfant, à qui l'on dirait, dès l'âge de trois ou quatre ans : « Tu es ici pour une raison », connaîtrait un avenir tout différent. Il verrait la quête d'un sens à la vie comme une chose naturelle, l'équivalent spirituel de l'ABC. Il ne passerait pas par ces années d'atermoiement qui précèdent une agitation intérieure désespérée. « Pourquoi suis-je ici ? » Cette simple interrogation ne doit pas nécessairement devenir une angoissante question existentielle. C'est l'exploration la plus joyeuse qu'une personne puisse entreprendre, et en la présentant comme telle nous faisons une immense faveur à nos enfants. Ce seul principe serait, pour un enfant qui s'y attarde, la promesse d'une vie bien plus riche — bien plus réussie — que celle d'innombrables adultes pour qui l'« esprit » et « Dieu » demeurent à jamais confinés dans un monde d'abstraction.

La véritable croissance spirituelle transforme une personne de manière paradoxale. Elle apporte la compréhension en même temps qu'elle préserve l'innocence. Comme parents, nous sommes souvent tentés de prendre nos distances vis-à-vis de l'enfance. Nous donnons l'impression d'en savoir plus sur la vie, alors que d'ordinaire nous avons simplement vécu plus longtemps. Nous excellons à connaître les règles pour éviter les punitions, à dissimuler nos faiblesses sous des démonstrations de force, à ne jamais baisser le masque de l'invulnérabilité. Il n'y a pas de meilleure recette pour détruire l'innocence d'un enfant que de détruire la sienne propre.

Aux yeux de l'esprit, chacun est innocent, dans tous les sens du terme. Parce que vous êtes innocent, vous n'avez rien fait qui mérite une punition ou la colère divine. Chaque jour fait de vous un être neuf. Vous êtes le réceptacle d'une expérience qui ne cesse jamais d'inspirer le ravissement et l'émerveillement. Entre l'innocence des enfants et l'innocence des grands, il n'y a qu'une seule différence spirituelle : nous autres, adultes, nous avons *la compréhension* en plus de l'innocence — et c'est ce qu'il nous incombe de partager, sans rien perdre de la pureté, de la fraîcheur et de la candeur qui accompagnent la véritable connaissance.

Premières leçons

Dès le jour de sa naissance, vous devenez pour votre enfant un maître spirituel. Si vous créez une atmosphère de confiance, d'ouverture, d'absence de jugement et d'acceptation, ces qualités l'imprégneront comme les qualités de l'esprit.

Dans un monde parfait, le rôle des parents se résumerait à une seule phrase : « Ne témoignez qu'amour, ne soyez qu'amour ». Mais dans le monde qui est le nôtre, les enfants découvrent en grandissant bien des comportements sans amour, au-dehors surtout, mais aussi parfois à l'intérieur du foyer. Au lieu de vous demander si vous incarnez assez l'amour pour être qualifié de maître spirituel, regardez plutôt la spiritualité comme un art de vivre, car c'est bien ce qu'elle est. Je crois à la transmission de cet art le plus tôt possible, par tous les moyens qu'un enfant peut comprendre.

BÉBÉ (0 à 1 AN)

MOTS CLÉS : *amour, affection, attention*

Par chance pour notre génération, on a cessé de croire que les enfants doivent être éduqués et disciplinés dès le berceau. Un bébé, c'est de l'or spirituel pur. En chérissant son innocence, vous retrouverez le chemin de la vôtre. Ce sont donc les parents qui ont le plus à apprendre auprès du bébé. Le lien spirituel avec votre enfant passe par le toucher, la protection, le jeu, et l'attention constante. Sans ces réponses « primitives » de l'environnement, l'organisme humain ne peut s'épanouir ; il languira et s'étiolera, aussi sûrement qu'une fleur privée de lumière.

PETITE ENFANCE (1 à 2 ANS)

MOTS CLÉS : *liberté, encouragement, respect*

C'est à ce stade que l'ego de l'enfant commence à se développer. J'entends par « ego » le simple sens de « soi », la conviction du « je suis ». C'est une période délicate, car le petit enfant éprouve pour la première fois le détachement des parents. Le charme de la liberté et la curiosité l'entraînent dans une direction, mais il y a la peur et l'insécurité qui tirent dans l'autre sens. Il n'est pas toujours agréable de se sentir livré à soi-même. C'est alors aux parents de transmettre un enseignement spirituel sans lequel aucun enfant ne peut véritablement acquérir une individualité indépendante : le monde est sûr.

Le sentiment de sécurité chez l'adulte est le signe qu'avant l'âge de deux ans on n'a pas été conditionné par la peur ; mais, au contraire, on s'est senti encouragé à s'épandre sans limite, à priser la liberté malgré les douleurs occasionnelles qui peuvent survenir lorsqu'un enfant se heurte aux choses de ce monde. Tomber, ce n'est pas échouer ; avoir mal, ce n'est pas pour autant décider que le monde est dangereux. La souffrance n'est rien de plus qu'un moyen pour la nature de dire à un enfant où se trouvent les limites — la douleur existe pour lui montrer où « moi » commence et s'achève, pour l'aider à éviter des dangers potentiels, comme de se brûler ou de tomber dans les escaliers.

Lorsque les parents pervertissent ce processus naturel d'apprentissage, il en résulte une souffrance psychologique que la nature n'a pas voulue. La douleur psychologique trace des limites qu'on ne peut franchir sans ressentir une profonde anxiété quant à sa condition même. Si l'enfant associe avoir mal et être mauvais, faible, incapable de se débrouiller, ou entouré constamment de menaces, il n'y a plus de place en lui pour un épanouissement spirituel intérieur. Car, sans un sentiment de sécurité, l'esprit demeure hors d'atteinte. On tente inlassablement de se sentir en sûreté dans ce monde, mais on ne peut y parvenir sans effacer d'abord les empreintes de la petite enfance.

PRÉSCOLAIRE (2 à 5 ANS)

MOTS CLÉS : *mériter, explorer, approuver*

À ce stade tout s'articule autour de la construction de l'amour-propre de l'enfant. L'estime de soi le prépare à s'aventurer hors du cercle de la famille pour rencontrer le grand et vaste monde. Cela représente bien des tâches et des défis. Jusqu'à l'âge de deux ou trois ans, un petit enfant n'a aucune responsabilité — il lui suffit de jouer et d'être joyeux. Son seul besoin spirituel est l'épanouissement émerveillé de son identité dans un monde neuf.

Lorsqu'il apprend à faire sa toilette et à se nourrir lui-même, l'enfant commence à comprendre que « je suis » peut s'élargir à « je peux ». Dès lors que l'ego a compris cela, il n'y a plus rien qui arrête un enfant de deux ans. Il pense qu'il mène le monde entier — et certainement tous ceux de sa famille — à la baguette. « Je » est comme une puissante génératrice qui vient d'être branchée. Le problème, c'est que l'ego nouveau-né s'enfle et gagne en énergie de façon indisciplinée. Crier, hurler, courir, brandir le tout-puissant mot « non ! » et s'efforcer généralement de régir la réalité par la simple volonté, voilà exactement ce qui devrait se passer durant cette période.

Ce qui fait la valeur du stade préscolaire, c'est que ce pouvoir est spirituel — seule sa distorsion peut conduire à des problèmes. Aussi, plutôt que de vouloir refréner la ruée de votre enfant vers le pouvoir, il vous faut la canaliser vers des tâches et des défis qui enseignent l'équilibre. La soif de pouvoir d'un enfant, si elle n'est pas équilibrée, se changera vite en dépit, car son expérience est pour une grande part l'illusion du pouvoir. Derrière ses fanfaronnades, un enfant de deux ans reste une toute petite personne, vulnérable et inaccomplie. Dans notre amour pour lui, nous entretenons l'illusion parce que nous voulons qu'il devienne quelqu'un de fort, capable de relever les défis qui l'attendent. Cette estime de soi ne se développera pas si le sentiment de puissance est étouffé ou réprimé à ce stade.

MATERNELLE — PREMIÈRES ANNÉES PRIMAIRES (5 à 8 ANS)

MOTS CLÉS : *don, partage, absence de jugement, acceptation, vérité*

Les mots clés qui s'appliquent à la période des premières années d'école commencent à prendre une tonalité plus sociale. Il y a bien sûr bien d'autres mots, car, après cinq années d'expérience du monde, le cerveau d'un enfant est si complexe et actif que d'innombrables concepts sont absorbés et éprouvés. Je ne voudrais pas non plus laisser entendre que le partage, le don et la vérité peuvent être ignorés avant cet âge, mais l'aspect essentiel de ce stade est que désormais les concepts abstraits peuvent commencer à être assimilés. L'esprit concret du petit enfant, qui n'avait jusqu'à présent pas compris les raisons de notre comportement, mais seulement ce que lui-même ressentait, s'ouvre maintenant à la faculté d'accepter les réalités au-delà de « je suis », « je veux » et « moi d'abord ». Donner, à tout âge, c'est notre façon de témoigner notre empathie avec des besoins extérieurs à nous-mêmes. Si le don est perçu comme une perte — je dois renoncer à quelque chose pour que tu puisses l'avoir —, c'est que l'enseignement spirituel de ce stade de la vie n'a pas été transmis. Donner, en termes spirituels, signifie : « Je te donne sans rien perdre parce que tu fais partie de moi. » Un jeune enfant ne peut pas pleinement appréhender cette idée, mais il peut la *ressentir*. Les enfants n'ont pas seulement *envie* de partager ; ils aiment partager. Ils perçoivent la chaleur qui monte en eux lorsqu'ils franchissent les barrières de l'ego pour inclure une autre personne dans leur monde ; nul acte n'est plus intime, et donc nul acte n'est plus merveilleux.

Il en va de même pour la vérité. Nous mentons pour préserver notre sécurité, pour éviter le risque d'une punition. La peur d'être puni crée une tension intérieure, et même si un mensonge nous protège du danger que nous percevons, il est rare qu'il nous libère de cette tension intérieure. Seule la vérité peut le faire. Quand on apprend à un jeune enfant que dire la vérité se traduira par un sentiment agréable, on lui fait faire un premier pas vers la compréhension de la qualité spirituelle de la vérité. Il n'est pas nécessaire de recourir à la punition. Si vous privilégiez une attitude du genre « dis la vérité, sinon ça ira mal pour toi », vous lui enseignez quelque chose qui, sur le plan spirituel, est faux. L'enfant qui est tenté de mentir est sous l'influence de la peur ; si l'on associe la vérité à cette peur, l'esprit en déduit très logiquement que le mieux est d'essayer d'avoir l'air de dire la vérité.

Dans les deux cas, l'enfant est contraint d'adopter une attitude qui lui paraît supérieure à l'opinion qu'il se fait réellement de lui. Apprendre à se comporter en fonction des attentes des autres est la plus sûre recette de la destruction spirituelle. Votre enfant doit pouvoir se dire : « Voilà ce que moi-même je désire faire. »

ENFANTS PLUS ÂGÉS (8 à 12 ANS)

MOTS CLÉS : *jugement indépendant, discernement, intuition*

Pour de nombreux parents, c'est la période la plus plaisante, car c'est alors que les enfants développent leur personnalité et leur indépendance. Ils commencent à penser par eux-mêmes ; ils ont leurs propres centres d'intérêt, leurs goûts et leurs dégoûts, leurs enthousiasmes — la soif de découverte prend des chemins qu'elle suivra peut-être tout au long de la vie, comme l'amour des sciences ou des arts. Les notions spirituelles essentielles ici vont toutes dans le sens de cette phase passionnante.

Si le mot semble austère, le « discernement » est une belle qualité de l'âme. Il va bien au-delà de la distinction entre ce qui est juste et ce qui est faux. À cet âge, le système nerveux lui-même est en mesure d'alimenter des impressions subtiles d'une grande profondeur et d'une importance réelle pour l'avenir. Un enfant de dix ans est capable de sagesse et, pour la première fois, le plus délicat des dons — l'intuition personnelle — lui échoit. L'enfant peut voir et juger de ses propres yeux ; il n'a plus à recevoir le monde de seconde main, par le truchement des adultes.

C'est donc le premier stade où il peut appréhender, sous une forme conceptuelle, une loi spirituelle. Auparavant, la notion de loi apparaît simplement comme une règle à laquelle il convient d'obéir, ou du moins de prêter attention. Pour éviter d'employer le mot « loi », les parents ont toujours la possibilité de véhiculer des idées bienfaisantes à travers leurs commentaires sur « comment va le monde » ou « pourquoi les choses tournent-elles ainsi » ou « comment faire pour se sentir bien ». Ce sont des manières d'enseigner plus concrètes, centrées sur l'expérience. Toutefois, vers l'âge de dix ans, le raisonnement abstrait acquiert son indépendance, et le véritable maître n'est plus une figure autoritaire, mais bien ce que l'on perçoit. Pourquoi en va-t-il ainsi ? Cela reste un mystère spirituel, car la perception est là depuis la naissance. Toujours est-il que, pour l'une ou l'autre raison, le monde se met soudain à parler à l'enfant, qui découvre en lui, comme une révélation, pourquoi une chose est vraie ou ne l'est pas, et pourquoi la vérité et l'amour sont importants.

PREMIÈRES ANNÉES DE L'ADOLESCENCE (12 à 15 ANS)

MOTS CLÉS : *conscience de soi, expérimentation, responsabilité*

L'enfance prend fin avec le début de l'adolescence, qui est traditionnellement une période difficile et éprouvante. L'innocence de l'enfance est perturbée par la puberté et l'arrivée de besoins que les parents ne peuvent plus satisfaire. De leur côté, les parents commencent à réaliser qu'ils vont devoir se séparer de leurs enfants et les laisser se débrouiller dans un monde de responsabilités et de pressions qu'ils ont eux-mêmes à peine appris à ne plus redouter.

C'est un stade décisif, car les leçons de l'enfance ont à présent porté leurs fruits, doux ou amers. L'enfant qui peut aller de l'avant, empreint d'une connaissance spirituelle authentique, reflétera la fierté et la confiance de ses parents ; l'enfant qui s'empêtre dans la confusion, les expériences hasardeuses et la pression de son entourage est vraisemblablement marqué par la confusion secrète de son éducation. L'adolescence est souvent une période où l'on manque de confiance en soi, mais ce peut être aussi l'occasion de prendre conscience de soi[1].

Les expériences font naturellement partie du passage de l'enfance à l'adolescence, mais il ne faut pas qu'elles soient inconsidérées et destructrices. L'important ici est que l'enfant possède un Soi profond qui puisse le guider. Le Soi profond est cette voie silencieuse qui a le pouvoir de choisir entre le bien et le mal en se fondant sur une connaissance intime de la vie. Cette connaissance n'est pas le privilège d'un âge. Un nouveau-né la possède tout autant qu'un adulte. La différence est que l'adulte a cultivé un comportement qui suit ce guide intérieur — si vous avez appris à votre enfant à se fier à son propre silence, il n'y a pas de danger à le laisser s'aventurer dans le monde. En fait, c'est une expérience joyeuse (même si elle met parfois vos nerfs à rude épreuve) que de le voir partir à la découverte de sa personnalité en s'essayant aux nombreux choix que la vie a à offrir.

---

1. L'auteur joue ici sur les mots *self-consciousness*, « timidité, gaucherie », et *self-awareness*, « conscience de soi » (N.d.T.)

Apprendre à distinguer
le bien du mal

Pour nous tous qui avons été élevés dans une société où l'on fait si peu de cas de la vie spirituelle, il peut être déroutant de s'interroger sur ce que c'est que d'être un maître spirituel pour son enfant. En quoi cela diffère-t-il, par exemple, d'être simplement une mère ou un père aimants et bons ? Pour l'illustrer, prenons un problème crucial qui se pose pour tous les enfants : l'enseignement de la distinction entre le bien et le mal.

Je pense que nous conviendrons tous que les vieilles pratiques de punition et de réprimande doivent être évitées. Se poser en autorité répressive ne fait que souligner les dilemmes moraux qu'on n'a soi-même pas su résoudre. Les enfants perçoivent vite le fossé qui peut exister entre ce que disent leurs parents et la façon dont ils se comportent. Ils apprennent peut-être à obéir par crainte d'être punis, mais, au niveau affectif, ils sentent qu'un parent qui doit recourir aux menaces et à la contrainte n'est pas un bon modèle.

Tout le monde sait pourtant qu'avec les meilleures intentions du monde il y a des moments où l'on est tenté, par frustration ou par pure exaspération, de punir son enfant. Si l'on examine attentivement ces moments, on constate que nous recourons à la punition pour résoudre des problèmes qui n'ont pas trouvé de solution dans notre propre cœur. Croyons-nous réellement qu'il est possible d'être vraiment bon tout le temps ? Craignons-nous un Dieu qui exercera sur nous un châtiment si nous sommes mauvais ? Le mal est-il une force devant laquelle nous nous sentons impuissants, doutant que la bonté puisse seulement lui résister, et moins encore en triompher, dans ce monde ?

Les faiblesses de notre propre vie spirituelle transparaissent dans nos choix de parents. Il n'y a pas d'échappatoire, et même quand vous vous efforcez d'être aimant et gentil avec vos enfants, il y a forcément des moments où vos propres doutes se réveilleront. Le rôle du maître spirituel dépasse le simple comportement — vous êtes là pour transmettre des vérités sur la nature de la vie spirituelle.

La manière la plus simple d'enseigner le sens de l'esprit est de créer une atmosphère où règnent l'esprit autant que l'amour. Avoir un bébé, c'est un tel acte de grâce que tous les parents souhaitent rendre ce don en le multipliant. J'ai moi-même ressenti intimement cette impulsion. Si j'ai pu rassembler assez de confiance pour écrire ce livre, c'est bien parce que mes deux enfants m'ont permis d'apprendre les Sept Lois spirituelles à travers eux. Du fait de leur innocence, les enfants sont des maîtres intransigeants en matière de vérité et d'amour. Si vous, parents, n'êtes pas totalement dans l'esprit de l'amour, peu importe les lois que vous pensez enseigner... elles deviendront des règles sans vie que vos enfants écarteront dès qu'il n'y aura plus une autorité pour réclamer l'obéissance.

Depuis le tout début de la vie de nos enfants, nous avons découvert, ma femme et moi, que nous suivions instinctivement certaines pratiques qui n'ont pris que plus tard la forme de principes :

- Nous avons appris à nos enfants à considérer l'esprit comme une réalité, à croire en une source infinie d'amour qui les chérissait. C'était notre définition de Dieu.
- Nous n'avons fait peser aucune pression sur eux pour les inciter à réussir, au sens conventionnel du terme. C'était notre façon de dire que l'univers les aimait pour ce qu'ils sont et non pour ce qu'ils font.
- Nous n'avons jamais ressenti le besoin de les punir, mais nous leur faisions savoir en toute franchise quand nous étions déçus, fâchés ou blessés. C'était notre façon d'enseigner par la réflexion plutôt que par des règles.

- Nous nous sommes toujours souvenus que nos enfants étaient des dons de l'univers et nous leur avons montré que c'était ainsi que nous le comprenions. Nous leur disions combien nous nous sentions privilégiés et honorés de pouvoir contribuer à leur éducation. Nous ne les regardions en aucune façon comme notre propriété. Nous n'avons pas projeté sur eux nos propres attentes. Nous n'avons jamais éprouvé le besoin de les comparer — en bien ou en mal — avec quelqu'un d'autre. C'était notre manière de les aider à se considérer en eux-mêmes comme des êtres complets.
- Nous leur avons appris qu'ils avaient des dons qui pourraient changer la vie d'autres personnes. Nous leur disions aussi qu'ils pourraient changer et créer ce qu'ils voudraient dans leur propre vie.
- Très tôt, nous leur avons parlé du genre de succès qui importe — pour leur donner des objectifs valables, des objectifs qui aient un sens pour eux, des objectifs qui leur apportent la joie. C'était, à notre connaissance, le meilleur moyen de donner aux autres du sens et de la joie.
- Enfin, nous avons encouragé leurs rêves. C'était notre façon d'apprendre à nos enfants à croire en leurs propres désirs, la voie royale du monde intérieur.

Sans être des parents parfaits, et bien sûr avec de nombreuses entorses à nos principes, nous avons trouvé, ma femme et moi, une manière inspirée d'élever nos enfants. Nous leur avons montré comment être « en esprit » — tel est le sens véritable du mot « inspiré », c'est-à-dire « respirer le souffle de Dieu ». Et par cet exemple, on montre aussi ce qu'est l'enthousiasme, qui dérive de l'expression grecque « *en theos* », c'est-à-dire « en Dieu ».

Ce dernier point est sans doute le plus important. Si vous souhaitez sincèrement transmettre à vos enfants les lois spirituelles, il vous faut un critère pour savoir si vous y réussissez ou non. Le meilleur moyen d'en juger est de voir si vos enfants sont inspirés et enthousiastes. L'inspiration, l'enthousiasme, la joie sont des qualités spirituelles. Sans elles, il ne saurait y avoir de vie spirituelle, à n'importe quel âge.

Qu'il me soit permis d'exprimer ici ma profonde gratitude envers ma femme, Rita, dont l'instinct d'amour et la gentillesse m'ont toujours mis sur la voie. Ses instincts spirituels nous ont guidés dans ce que nous avons fait, mais aussi dans ce que nous n'avons *pas* fait. Nous n'avons pas exigé l'obéissance et nous ne nous sommes pas posés nous-mêmes en autorité. Nous n'avons pas prétendu connaître toujours les réponses. Nous n'avons pas réprimé nos sentiments, ni dit à nos enfants qu'il était bon de le faire. Et nous nous sommes efforcés chaque jour de les élever pour qu'ils vivent leur propre vie et non la vie que nous regrettions de n'avoir pas vécue nous-mêmes.

Toutes ces pratiques peuvent être résumées en un seul précepte : *Chaque enfant a besoin d'autant d'amour mûr que vous pouvez en donner.* Ce qui rend l'amour mûr —, et non pas simplement adulte —, c'est l'intention spirituelle consciente qu'il y a derrière. Pour le reste, nous nous en remettons à la grâce de l'amour qui guide nos intentions pour les années à venir. L'esprit nous élève au-dessus de nos faiblesses individuelles, et, ce faisant, il enseigne à nos enfants les leçons les plus profondes et les plus précieuses.

SECONDE PARTIE

La pratique
des Sept Lois spirituelles

Il y a deux richesses durables que nous pouvons espérer léguer à nos enfants : des racines et des ailes.
HODDING CARTER

Dès leur plus jeune âge, vos enfants peuvent apprendre les Sept Lois spirituelles si vous les intégrez dans vos habitudes familiales. Pour peu que ce soit fait naturellement, sans contrainte ni pression, vos enfants seront témoins des mille façons par lesquelles l'esprit apporte le succès dans la vie.

Avec le temps, leur compréhension du sens des lois se développera. Rappelez-vous que les enfants apprennent surtout par ce que vous êtes, non par ce que vous dites. Votre propre pratique sera toujours l'influence la plus positive. Vos enfants ont besoin de vous comme modèle et comme exemple ; c'est en vous observant qu'ils apprendront, très tôt, à pratiquer. S'ils vous voient évoluer et trouver toujours plus de sens et de joie dans votre propre vie, l'expression « être en harmonie avec l'univers » prendra dans leur esprit une force active. Ils souhaiteront eux-mêmes en bénéficier, bien qu'ils ne saisissent pas encore les principes intervenants.

Dans les pages qui suivent, j'esquisse un programme au jour le jour pour la famille. Chaque jour de la semaine est dévolu à une unique loi, en commençant par le dimanche et la Loi de la Pure Potentialité. Dans notre famille, nous passions un peu de temps chaque jour à discuter de la signification d'une loi et nous décidions de chercher des exemples des effets que cette loi avait eus pour nous ce jour-là.

D'une manière générale, toute pratique spirituelle est axée sur l'éveil — en prêtant simplement attention aux Sept Lois spirituelles, vous invoquez leur pouvoir organisateur dans votre vie.

La pratique quotidienne consiste aussi en trois activités qui vous aideront à concentrer votre attention sur la loi du jour. Le dimanche, ces trois activités sont la méditation silencieuse, la communion avec la nature et l'absence de jugement. Chacun dans la famille, les parents comme les enfants, accepte de consacrer un peu de temps à ces activités ; le mieux est que ce temps soit partagé avec toute la famille.

Au total, ces trois activités ne prennent guère que quelques minutes, une demi-heure tout au plus. D'ailleurs, l'attention n'est pas une affaire de temps, c'est une affaire de conscience. Il suffit parfois d'une fraction de seconde pour remarquer quelque chose de très beau. Et pour cesser de juger les autres, en bien ou en mal, il ne faut pas de temps du tout.

Le moment culminant de chaque jour est le dîner, lorsque nous parlons tous ensemble de ce que nous avons fait, observé et appris durant la journée. C'est une conversation à bâtons rompus, sans obligation. Celui qui veut parler le fait aussi brièvement ou longuement qu'il en a envie. Au commencement, quand les Sept Lois spirituelles sont encore une chose nouvelle, vous devrez peut-être cajoler un peu vos enfants pour les encourager à s'exprimer, mais ils s'y mettront très vite — après tout, c'est à leur tour de se faire entendre et de retenir votre attention d'une manière entièrement positive.

Dimanche

est le jour de la Pure Potentialité.

Aujourd'hui nous disons à nos enfants :
« Tout est possible, n'importe quoi. »

Le dimanche, nous nous engageons à faire avec nos enfants les choses suivantes :

1. Les amener à pratiquer quelques minutes de méditation silencieuse.
2. Les inciter à apprécier la beauté et les merveilles de la nature.
3. Leur montrer les possibilités cachées dans les situations familières.

N'importe qui peut compter les pépins dans une pomme ;
personne ne peut compter les pommes dans un pépin.
ANONYME

Le dimanche, la famille prête attention à l'idée que tout est possible. Et le champ où tout est possible, c'est l'esprit ; il est notre source. En chacun se trouve la semence de la créativité qui peut germer et croître dans n'importe quelle direction. Nous n'avons pas d'autres limites que nous-mêmes, car l'aspect le plus authentique de chaque personne, c'est un potentiel infini.

Il nous suffit de nous relier à notre source pour activer dans la vie quotidienne toutes les possibilités. Dans la pratique, cela veut dire que nous prenons le temps d'explorer le champ silencieux de la pure conscience. Les enfants doivent apprendre que le silence est la demeure de l'esprit. Toutes les autres voix parlent haut, mais l'esprit communique sans émettre le moindre son.

Pour accéder au champ de toutes les possibilités, il faut pratiquer la référence au Soi, c'est-à-dire chercher en soi-même une orientation. La référence au Soi apporte une plénitude de l'esprit qui ne peut être atteinte par la réussite matérielle. Nous voulons le succès pour réaliser notre potentiel de bonheur et de sagesse, pas seulement notre potentiel de gain et d'acquisition. Dimanche est un beau jour pour construire la semaine entière sur ces principes.

Avec les enfants, le vocabulaire du cœur est souvent plus efficace que des mots abstraits comme *potentialité*. « Écoute ton cœur ; ton cœur sait. » C'est une bonne façon de commencer, avec d'autres phrases comme celles-ci :

- Mets tout ton cœur à être ce que tu peux être.
- Dans ton cœur, tout est possible.
- Dans ton cœur, tu sais que les choses iront pour le mieux.
- Si tu as le cœur pur, tu peux tout obtenir.
- Peu importe ce qui semble se passer autour de toi ; dans ton cœur, tu sauras que tu peux y arriver.

Vous devriez également préciser que « cœur » n'est pas simplement un autre mot pour désigner les émotions. Le cœur est un centre spirituel. Il renferme le silence et la sagesse. Sans doute, les émotions les plus sincères, comme l'amour et la compassion, émanent-elles de cette source, mais nous voulons aussi que nos enfants identifient le cœur comme un lieu où réside le sens des mots « je suis ». C'est le germe d'inspiration d'où jaillissent toutes les possibilités ; c'est le lien qui nous unit au champ de la pure potentialité. Nul n'a réussi s'il ne sent le succès dans son cœur.

Dimanche avec les enfants

Les trois activités du dimanche sont la méditation, l'appréciation des merveilles de la nature et la découverte de nouvelles possibilités dans les situations familières.

1. Le matin et l'après-midi, les adultes devraient pratiquer une période de méditation silencieuse de quinze à vingt minutes. Les jeunes enfants peuvent être élevés dans cette pratique graduellement. Dès l'âge de six ou sept ans, commencez à leur enseigner qu'il est bon de rester seul et silencieux quelques minutes par jour. Avant cet âge, ne faites rien pour inhiber l'énergie naturelle et l'enthousiasme de vos enfants.

Le silence intérieur est une expérience délicate qui ne peut s'épanouir avant que le système nerveux n'ait commencé à mûrir. Jusqu'à l'âge de douze ans environ, il suffit que vos enfants aient sous les yeux votre exemple personnel. Au lieu d'insister pour que la méditation devienne une partie intégrante de leurs habitudes quotidiennes, choisissez des moments de détente pour inviter un enfant à rester tranquillement assis à vos côtés (de préférence pendant que vous pratiquez votre propre méditation) et à respirer calmement avec les yeux fermés. Dites-lui de sentir le souffle qui va et vient doucement. Si l'enfant est plus âgé, vous pouvez lui demander de visualiser le souffle comme une lueur bleu pâle qui entre et sort des narines. Soyez encourageant dans vos propos. Le plaisir que vous tirez vous-même de votre méditation est une bonne incitation.

Au début il suffira de cinq minutes de ce simple exercice de respiration. Passez à quinze minutes vers l'âge de dix à douze ans.

Ne soyez pas impatient si votre enfant ne parvient pas à se tenir tranquille chaque fois que vous l'y invitez. S'il n'arrête pas de gigoter, contentez-vous de le faire sortir pendant que vous continuez votre méditation. L'exemple de votre propre bien-être attirera naturellement votre enfant vers la pratique.

Sans la connaissance, la méditation perd la moitié de sa valeur. Donc, tout ce que vous pourrez dire à vos enfants à propos des bienfaits de la méditation sera extrêmement encourageant. Le silence intérieur favorise la clarté de l'esprit et nous fait apprécier notre monde intérieur. Il nous apprend à nous tourner vers la source de paix et d'inspiration qui est en nous lorsque nous sommes confrontés à des problèmes ou à des épreuves.

2. La nature respire le souffle de l'esprit. Sa beauté reflète l'émerveillement de nos âmes à être ici. Quand on prend le temps de se rendre dans un cadre naturel — une promenade dans le parc, un parcours nature, un pique-nique sur la plage ou dans les montagnes — on peut observer une créativité infinie jusque dans la moindre petite fleur. « Ce que Dieu peut nous donner n'est limité que par notre aptitude à apprécier Ses dons. » J'aime cette phrase. En termes de succès, c'est absolument vrai : vous pouvez voir aussi loin que porte votre vue. La nature est le lieu idéal pour élargir votre horizon.

Les enfants aiment à être inspirés par les merveilles naturelles, et vous pouvez les y encourager en leur faisant remarquer le sentiment d'expansion et de liberté que la nature fait naître en nous. « Je peux tout faire ! » L'expression vient naturellement lorsque vous contemplez le vaste ciel ou la majesté grandiose d'une chaîne de montagnes. Les personnes qui s'arrêtent aux aspects physiques de la nature ont tendance à insister sur la petitesse et l'insignifiance des êtres humains face à la nature immense, mais, sur le plan spirituel, c'est une erreur. Spirituellement, la perspective infinie du monde naturel nous fait sentir que nous pouvons nous confondre avec l'infini.

3. Chaque seconde est une porte ouverte sur des possibilités innombrables. Mais si vous n'y êtes pas réceptif, ces possibilités se referment.

C'est pourquoi il est important d'apprendre aux enfants à rechercher toujours la nouveauté dans une situation bien connue. Au fond, que faut-il pour voir des choses nouvelles ? L'intuition, la réceptivité, l'absence de jugement et la volonté d'ouverture. Ces qualités sont la clé du succès, et vous les enseignerez toutes chaque fois que vous poserez cette simple question : « Y a-t-il une autre façon de voir les choses ? »

Il y en a toujours une. Récemment, par exemple, un de mes amis était invité à dîner. À peine était-il arrivé que ses hôtes lui disaient de ne pas s'en faire si Claudia, la plus jeune enfant de la famille, refusait de manger. « Nous avons des problèmes avec elle, disaient les parents. Elle a six ans et c'est chaque fois toute une histoire pour lui faire avaler quelque chose. » Quand mon ami s'est assis pour dîner, Claudia a aussitôt commencé : « J'aime pas ça », « Qu'est-ce que c'est ? » et ainsi de suite — une routine bien rodée que les parents ponctuaient d'un « Il n'y a rien à faire ». Autrement dit, toutes les personnes concernées tenaient des propos qui les gardaient enfermées dans de vieux schémas non créatifs.

Dans une impulsion spontanée, mon ami s'est penché vers Claudia en chuchotant : « Ça m'a l'air bon ce que tu as dans ton assiette. J'en veux, moi aussi. » Avec son couteau, il a tracé une ligne au milieu de son assiette. « Tout ce qui est de ce côté-ci de la ligne est à moi, et tu ne peux pas y toucher, d'accord ? » Il avait dit tout cela d'un ton enjoué. Claudia ouvrait de grands yeux. Elle avait toujours considéré le dîner comme une épreuve, un conflit d'autorité avec ses parents. Et voilà que mon ami en faisait un jeu. Il détournait les yeux et disait à voix haute : « Claudia ne mange pas ma part, n'est-ce pas ? Elle ne ferait pas ça, n'est-ce pas ? »

Et, bien sûr, Claudia ne put s'empêcher de manger aussi vite que possible tout ce qu'il y avait de « son côté à lui » de l'assiette. La tentation du jeu était trop grande. Cet exemple illustre bien comment un simple changement de perspective peut permettre à tous, parents compris, de renverser de vieilles barrières.

Sans s'en rendre compte, chacun de nous impose des limites à la façon dont nous percevons le monde. Nous avons devant nous des possibilités infinies, et pourtant nous ne les saisissons pas — ou nous les saisissons très rarement — parce que nous sommes conditionnés à poser des jugements. Nous nous disons :

- Je n'aime pas ça.
- Je n'y comprends rien.
- Je sais déjà tout là-dessus.
- Ce n'est pas vrai (ou pas bien, ou pas gai).
- On ne peut rien y faire.

C'est un bon jour pour vous reprendre, vous et vos enfants, quand vous laissez échapper à voix haute l'une de ces affirmations. Elles reviennent à tout propos. Quelqu'un ou quelque chose croise notre route et aussitôt nous portons un jugement qui gèle tout un flux de possibilités nouvelles. Si vous le remarquez, ne serait-ce qu'une seule fois, changez votre perception. Dites à vos enfants de chercher une nouvelle qualité en eux-mêmes ou en quelqu'un d'autre ; réclamez plus d'imagination. Faites appel à la fantaisie, à l'expérimentation, à l'ouverture.

Si vous pouvez enseigner cela uniquement, vous ferez plus pour le succès de vos enfants que vous ne pourriez le faire par tout autre moyen : réussir, c'est saisir des opportunités que d'autres ont laissé passer.

Pour les enfants plus âgés qui peuvent appréhender des concepts abstraits, il peut être extrêmement utile d'enseigner le non-jugement. Le non-jugement, c'est ne pas coller sur les autres et leur comportement des étiquettes « bon » ou « mauvais ». C'est le premier pas vers l'acceptation, la non-violence et la compassion pour toute vie.

Une approche spirituelle de la vie exclut le jugement. Il nous arrive à tous de projeter sur d'autres des images négatives, mais nous le faisons parce que nous confondons nos réactions affectives avec la réalité. Si des gens nous mettent en colère, mal à l'aise, ou s'ils nous font peur, nous avons le sentiment qu'ils sont responsables de cette négativité. Spirituellement, la Loi de Pure Potentialité nous dit que nul ne peut être étiqueté ou jugé parce que la vie contient toutes les possibilités ; tout est en nous. Rien dans notre nature ne peut être créé ou détruit par une personne « extérieure ». Celui-là même qui vous met en colère ou qui vous fait peur peut avoir sur quelqu'un d'autre l'effet opposé. Aussi vaut-il la peine de consacrer ce jour un peu de temps à regarder chacun à la lumière de l'amour, à ne porter aucun jugement, à ne dire de personne qu'il est mauvais ou qu'il a tort.

Le non-jugement n'est pas facile à communiquer aux jeunes enfants. Une simple phrase comme « Ne dis pas que ton petit frère est méchant » est une source de confusion, car elle peut facilement être interprétée comme une réprimande. Chaque fois que vous dites « arrête », ou « non », ou « ne fais pas ça », vous portez vos propres jugements. Il est nettement préférable d'opter pour une démarche positive : demandez à chaque enfant de trouver quelque chose de bien ou d'aimable chez un autre enfant. Faites de cela la tâche de la journée et parlez-en ensuite au dîner.

En vérité on n'est jamais trop grand pour ce genre de jeu tout simple, mais vous pouvez aussi commencer à suggérer aux enfants plus âgés de prendre la responsabilité de ce qu'ils éprouvent. J'entends par là les amener à apprendre la différence entre « Tu as fait quelque chose qui m'a rendu furieux » et « J'ai des sentiments de colère que je voudrais analyser ».

Toutefois, ne soyez pas trop exigeant, car il faut toute une vie pour assumer mûrement la responsabilité de ce que l'on ressent. La projection est un mécanisme puissant. Mais si vous enseignez l'acceptation et la tolérance, si vous transmettez à vos enfants la conviction que chacun fait de son mieux et devrait être considéré sous cet angle, et non en fonction du comportement que nous attendons de lui, vous ferez déjà beaucoup pour enseigner la Première Loi.

RÉFLEXIONS
SUR LA LOI DE LA PURE
POTENTIALITÉ

Tout découle d'une source infinie,
qui est Dieu...
Dieu se trouve en chaque enfant,
et le relie à la source.

Puisque Dieu crée toute chose,
un enfant devrait être encouragé à croire
que tout est possible dans sa vie.

Chacun peut entrer en contact avec la semence
de Dieu qui est en lui...
Chaque jour nous offre une chance d'arroser
cette semence et de la voir germer.

Quand les enfants se sentent petits et faibles,
rappelez-leur qu'ils sont les enfants de l'univers.

Lundi

est le jour du Don.

Aujourd'hui nous disons à nos enfants :
« Si vous désirez obtenir quelque chose,
donnez-le. »

Le lundi, nous nous engageons à faire avec nos enfants les choses suivantes :

1. Les inviter à donner quelque chose à un autre membre de la famille.
2. Les inspirer à recevoir avec grâce.
3. Partager un bref rituel de gratitude pour les dons de la vie.

Si vous voulez recevoir, vous devez d'abord donner.

LAO TSEU

Ce jour, nous prêtons attention aux moyens que nous avons de donner aux autres. Et comme donner et recevoir ne vont pas l'un sans l'autre, nous complétons le cycle en prêtant également attention à la façon de recevoir. Le don doit en effet être perçu comme un mouvement constant, la circulation de tout ce qui se crée. Créer quelque chose, c'est prendre une graine ou une inspiration et lui donner naissance. Par cet acte de faire croître la graine, les fruits se multiplient et l'inspiration prend forme.

Le succès, d'un point de vue spirituel, dépend du respect des lois qui gouvernent les mécanismes de la nature, et celle du don est l'une des plus précieuses. Bien des maîtres spirituels ont enseigné que « le don est le secret de l'abondance », comme l'a dit le yogi Shivananda. Il n'y a pas de mystère en cela ; il a toujours été vrai que pour recevoir de l'amour vous devez d'abord en donner, et Dieu donne toujours toute chose par amour. Quand nous donnons, nous témoignons de notre compréhension de cette vérité fondamentale : l'esprit donne tout.

Il n'est pas toujours facile de résister à l'envie de prendre et d'amasser. Ce sont là deux tentations qui naissent de l'ignorance de la loi spirituelle. Les enfants aiment donner, et s'ils ne donnent pas, c'est par imitation des attitudes qu'ils observent en nous. Même en répétant sans cesse : « Apprends à partager. Sois gentil et donnes-en un peu à ton petit frère. Sois une gentille fille et tu recevras quelque chose », une grande personne peut encore communiquer, à un niveau plus profond, sa propre peur de manquer et la tendance de l'ego à vouloir posséder et garder pour soi. Ces sentiments bien enracinés mettent en échec l'esprit du don. Bien plus que ce que vous donnez d'un point de vue matériel, ce qui importe c'est de consacrer cette journée au don.

Lundi avec les enfants

Sauf pour les tout jeunes enfants, le lundi est une journée d'école, aussi nous discutons de la Loi du Don au petit déjeuner et au dîner. Au petit déjeuner nous faisons le programme du jour ; au dîner nous faisons part aux autres de ce que nous avons accompli et appris. Il en va de même pour tous les autres jours de la semaine. (Mais n'oubliez pas, les quelques minutes de silence que l'on pratique le dimanche se répètent chaque jour, le matin et l'après-midi, lorsque vous pratiquez votre propre méditation.)

Les trois activités du lundi consistent à donner quelque chose à un autre membre de la famille, apprendre à recevoir gracieusement et accomplir un bref rituel de gratitude.

1. Que chacun dans votre famille prenne l'habitude d'offrir quelque chose à quelqu'un d'autre. Ces dons ne doivent pas être rigoureusement planifiés ou répétés. Il est si naturel et si simple de songer à donner un sourire, un mot d'encourage-

ment ou un coup de main pour le ménage. C'est aussi sans doute un acte aux effets durables, car un simple don au sein du foyer entretient le désir de servir. Et le succès va de pair avec la plénitude lorsqu'il renferme une large part de service.

Certaines familles ont parfois l'impression que cette question du don, du partage et du service peut poser de gros problèmes. Les enfants sont naturellement portés à donner. Il est malheureux d'entendre des gens répéter de façon si inconsidérée que les enfants naissent égoïstes. Chez un jeune enfant, l'égoïsme vient de ce qu'il ne comprend pas encore comment vont les choses. À ses yeux, lâcher un jouet, cela revient à le perdre pour toujours. De même, quand il empoigne une sucrerie avec avidité, c'est une réaction naturelle, puisqu'il ne comprend pas encore qu'il y en a plus d'une, ou qu'une seule sucrerie peut être partagée.

J'ai découvert en observant mes propres enfants quand ils étaient jeunes que leur visage s'éclairait quand ils avaient l'occasion de donner, et ce n'était pas parce qu'ils pensaient recevoir quoi que ce soit en retour. Nous n'en venons à douter de la générosité de l'univers qu'après que nos esprits ont été marqués par la peur, le manque, l'abandon et l'envie. Sans ces empreintes, il est évident que la vie est un flot infini d'offrandes, certaines matérielles, d'autres pas. Combien doit-on payer pour l'air, la pluie et le soleil qui nous font vivre ?

Les gens qui ne savent plus donner ont régressé à un état primitif de conscience — ils croient que s'ils lâchent une chose, elle est perdue à jamais. Ils oublient que nous ne recevons que parce que l'univers veut nous faire ressentir en nous-mêmes sa signification intime. Dans tout ce qui nous échoit, il y a une leçon spirituelle. Les possessions en elles-mêmes ne peuvent se substituer à la satisfaction, au contentement et à la plénitude intérieure qui sont censés les accompagner.

Vous devriez vous concentrer avec vos enfants sur ce que l'on *ressent* quand on donne. Pour que l'impression soit agréable, commencez par traiter le don comme un partage. Même un enfant de trois ou quatre ans peut prendre du plaisir à offrir un bonbon à un ami quand il en a deux. Les enfants plus âgés peuvent apprendre à donner des choses moins tangibles, comme un sourire, un mot gentil ou un coup de main. Faites de ces simples dons les objectifs de la journée et parlez-en ensuite au dîner.

Avec les enfants âgés de douze ans et plus, on peut aborder la question sous un angle différent. Ils sont désormais assez grands pour apprendre à donner quand ce n'est pas aussi facile, quand on est tenté de garder quelque chose pour soi ou d'être égoïste. À cet âge, vous pouvez leur faire comprendre qu'en se cramponnant à ce que l'on a, c'est à son propre cœur que l'on fait du tort, et que l'on passe pour un égoïste aux yeux des autres. C'est pour eux le moment d'apprendre à féliciter le gagnant d'un jeu que l'on vient de perdre, à traiter les étrangers avec gentillesse et à les accepter, à offrir son aide avec tact et sans prétention.

2. L'art de recevoir gracieusement ne peut être simulé. S'il est plus gratifiant de donner que de recevoir, il est beaucoup plus difficile de recevoir que de donner. L'orgueil, le sentiment que nous n'avons pas besoin d'aide ni de charité, ou simplement une impression de gêne nous amènent souvent à recevoir sans grâce. Ce ne sont là que des réactions de l'ego qui n'ont pas lieu d'être dès lors que vous comprenez que celui qui donne n'est jamais celui qui donne, tout comme celui qui reçoit n'est jamais celui qui reçoit. L'un et l'autre sont des expressions de l'esprit.

Chaque bouffée d'air que nous respirons est un don. Si l'on en prend conscience, on découvre que l'acte de recevoir est toujours un symbole de ce qu'on reçoit de Dieu. Chaque don est un geste d'amour qui représente l'amour divin et qui doit être reçu comme tel. Avec les très jeunes enfants, ce n'est pas un problème : ils aiment recevoir et n'ont aucune difficulté à manifester leur gratitude.

Par la suite, les besoins de l'ego viennent un peu compliquer les choses. Nous avons tous connu le « merci » renfrogné, arraché par un parent de la bouche d'un enfant qui n'éprouve aucune gratitude. La seule manière de changer cette attitude est de veiller à ce que vos enfants continuent à prêter attention à ce qu'ils ressentent lorsqu'ils reçoivent. S'ils apprennent dès leur plus jeune âge à y être réceptifs, la chaleur naturelle et le bonheur de recevoir ne s'estomperont pas. Pour exprimer de la gratitude, une personne, quel que soit son âge, doit éprouver réellement de la gratitude. Ces sentiments peuvent être encouragés si vous enseignez à vos enfants que tout émane de la source universelle. Chaque fois que nous recevons, c'est un aperçu de l'amour divin qui nous est donné, quelle que soit la personne par laquelle cet amour agit en ce moment.

3. Un rituel de gratitude, partagé par toute la famille, est une jolie façon de rendre grâce pour le don de la vie. Vous pourriez vous tenir la main autour de la table du dîner et exprimer votre reconnaissance non seulement pour le repas qui se trouve sur la table, mais pour tout ce qui vous a été donné ce jour-là. Que chaque membre de la famille évoque une seule chose, par exemple : « Merci pour le beau papillon que j'ai vu en rentrant de l'école », « Merci pour notre bonne santé et notre bonheur à tous », « Merci pour le rôle que je vais jouer dans le spectacle de l'école », etc.

L'important, dans cette action de grâce, est que ce soit un acte *conscient*. Il faut parfois un effort de conscience pour se rappeler que la vie est un don quand d'autres pensées nous préoccupent. La joie et l'enthousiasme que l'esprit vous inspire se reflètent en vous.

RÉFLEXIONS
SUR LA LOI DU DON

Toutes les bonnes choses circulent.
Elles n'aiment pas être figées sur place.

Dans le cycle de la nature,
donner amène à recevoir,
et recevoir amène à donner.

Chacun a déjà reçu de Dieu le plus grand don :
la possibilité de croître.

Quand vous donnez, vous témoignez votre
reconnaissance
à la source de toute chose.

Nous ne gardons que ce que nous cédons.

Mardi

est le jour du Karma.

Aujourd'hui, nous disons à nos enfants :
« Lorsque tu choisis, tu changes l'avenir. »

Le mardi, nous nous engageons à faire avec nos enfants les choses suivantes :

1. Parler de l'un ou l'autre choix qu'ils ont fait ce jour-là.
2. Leur montrer comment notre avenir a été changé par un choix que nous avons fait dans le passé.
3. Expliquer le bien et le mal par les sentiments qu'un choix nous inspire.

J'ai mis le mot « karma » entre guillemets puisqu'il s'agit d'un terme spécialisé, mais il recouvre en fait toutes les relations de cause à effet. Des questions comme « Pourquoi devrais-je choisir ceci plutôt que cela ? » ou « Que se passera-t-il si j'aborde un problème par ce biais-ci plutôt que par celui-là ? » se posent chaque jour dans la vie. Les enfants doivent savoir que tous les choix qu'ils font auront pour eux des conséquences bonnes ou mauvaises — en d'autres termes, chaque choix change l'avenir.

Le karma est généralement interprété comme l'octroi d'une rétribution pour les bonnes actions et d'un châtiment pour les mauvaises. Les parents traduisent cela en un système de récompense et de punition sans enseigner le point véritablement essentiel : la nature elle-même se charge de trancher. Une expression populaire affirme cyniquement que « la vie est injuste », mais, d'un point de vue karmique, c'est le contraire qui est vrai. La vie est absolument juste. Mais les mécanismes de la vie peuvent être profonds et secrets, et les effets suivent parfois les causes à des niveaux variés. Il nous incombe de ne pas juger quel résultat une action mérite, mais d'observer attentivement comment fonctionne le mécanisme de causalité de l'univers et d'agir en conséquence. Les Sept Lois spirituelles semblent ici entrer en conflit avec le sens commun, puisque la loi du karma affirme qu'il n'y a pas d'injustice, pas d'accident, pas de victime — toutes les choses sont organisées en fonction d'un inexorable système cosmique de cause à effet. Le karma n'est pas le fatalisme ; il ne décrète pas que les gens doivent souffrir. Ce qu'il affirme, c'est que la liberté de choix est absolue. Il n'y a pas de pouvoir divin qui nous empêche de faire de mauvais choix et il n'y a pas d'échappatoire à la règle universelle : « On récolte ce que l'on a semé. »

Le karma suppose donc l'intervention de la conscience dans plusieurs domaines : comprendre comment les choix se font, évaluer leurs conséquences et écouter son cœur, où de subtils signaux émotionnels indiquent quand les actions sont bonnes ou mauvaises. Toutes ces stratégies peuvent être inculquées aux enfants quand nous leur enseignons comment choisir. Le choix, dans toute sa complexité, est essentiel pour réussir dans la vie, car le succès n'est qu'une façon d'appeler les résultats désirables que nous voulons atteindre par nos actions.

Mardi avec les enfants

Les trois activités pour mardi tournent autour de la discussion sur les choix — comment nous les faisons, comment ils changent notre vie, quels résultats ils laissent présager quand nous privilégions une orientation plutôt qu'une autre.

1. Parlez avec chacun de vos enfants d'un choix qu'il a fait aujourd'hui. Ce ne sont pas les possibilités qui manquent, naturellement, puisque chaque instant renferme des choix... Contentez-vous d'encourager ce qui leur vient à l'esprit. Quel que soit le choix évoqué — un nouvel ami, un achat, la décision de jouer avec A ou B —, commencez par examiner ce qui se passe au moment du choix. Sans définir des règles strictes (qui ruineraient la spontanéité de la discussion), vous pouvez entreprendre d'instruire vos enfants sur les mécanismes complexes de la causalité, de l'ensemencement et de la récolte.

Quand il est question d'un choix, explorez-le gentiment en posant des questions du genre

« Qu'as-tu ressenti à ce propos ? » ; « Que penses-tu qu'il va se passer ? » ; « Que vas-tu faire si c'est plutôt cela qui arrive ? » Le choix est une affaire intimement personnelle, et même si la tentation est forte de contrôler les choix de vos enfants pour ce qui touche à leurs camarades, à leurs activités, leurs passe-temps, leurs études, etc., le meilleur usage que vous puissiez faire de votre influence est d'aider vos enfants à choisir eux-mêmes en conscience et avec sensibilité.

Pour les jeunes enfants, la notion de choix est souvent rudimentaire. À peine ont-ils appris à parler que les petits enfants disent automatiquement « Laisse-moi faire ça », « Je veux… », et d'autres injonctions à l'avenant. C'est l'affirmation d'une volonté, et la volonté entraîne un choix. Ce n'est que plus tard qu'ils commencent à découvrir que les choix se traduisent par des conséquences. L'ego n'apprécie pas que les choses ne se passent pas comme il l'entend, et il dirigerait nos vies en maître absolu s'il n'y avait ces effets suscités par les actions qui ne sont pas bonnes pour nous. Ainsi, le karma nous enseigne constamment à distinguer entre ce que nous voulons et ce que nous savons être bon pour nous.

C'est là un thème qui apparaît tout naturellement. Les enfants en veulent toujours plus, et notre tâche est d'enseigner aux nôtres que le choix n'est pas un flux sans fin d'exigences obstinées. L'univers est sensible à la profondeur des choix. L'amour et la vérité, par exemple, sont des choix très profonds qui apportent de grands bien-faits. Choisir l'égoïsme, c'est un acte superficiel qui ne sera guère récompensé.

Je ne pense pas qu'il soit utile d'évoquer le vieil adage : « Une bonne action est sa propre récompense. » Cela suppose un univers indifférent ou aveugle. Les maîtres spirituels ont toujours affirmé que Dieu, ou l'esprit, favorise la vertu ; rien n'est laissé sans récompense, en ce sens que nulle action ne s'exerce dans le vide. Le karma est comme un système informatique qui restitue les données que nous y entrons, mais avec une mesure de grâce en plus. Si nous avions, comme Dieu, une vision omnisciente sur tous les plans, nous accepterions certainement les effets qui nous semblent négatifs, car nous verrions que *rien de mieux ne pouvait arriver*.

Le fait que chaque action se traduise par le meilleur résultat possible procède d'une loi qu'on appelle la *grâce*. La grâce est l'organisation du temps et de l'espace par l'amour divin. Elle nous confère la liberté d'agir comme nous l'entendons, et les résultats de nos actions, agréables ou désagréables, nous reviennent au moment idéal pour tirer les leçons de notre choix. Autrement dit, tout ce qui nous arrive reflète une volonté aimante de veiller sur notre bien-être.

Les enfants doivent donc apprendre que le plaisir et la peine ne sont pas le critère ultime qui détermine si une action est bonne ou mauvaise pour eux. En observant les mécanismes de causalité, un enfant comprend progressivement que la vie est un processus d'apprentissage à plusieurs niveaux. Très souvent, on ne juge une action qu'en fonction du plaisir ou de la douleur qu'elle apporte. Mais il y a bien des cas où d'autres facteurs entrent en jeu.

2. À mesure que les enfants grandissent, il est bon que vous leur racontiez des histoires sur les choix qui ont affecté votre vie. D'instinct, les enfants savent que la vie est une quête. Il leur reste peut-être à apprendre que l'avenir dépend des choix qu'ils font, mais, sur le plan affectif, ils devinent que les adultes ont eu à faire de nombreux choix importants. Lorsque vous évoquez les vôtres, tâchez de ne pas y mettre trop de regrets. Les phrases du genre « Je te dis ça pour que tu ne commettes pas la même erreur que moi » partent peut-être d'un bon sentiment, mais vos enfants sont appelés à essayer un peu de tout. C'est inévitable. Par ailleurs, le désir des parents est toujours que leurs enfants aient davantage de choix, et cette multitude de possibilités peut devenir accablante si elle ne s'accompagne pas de la faculté de choisir.

3. Parlez avec vos enfants de ce que l'on ressent lorsque l'on fait un choix plutôt qu'un autre. La période de l'enfance est celle où nous décidons pour la première fois si les résultats importent plus que les émotions. Vos conversations auront

donc tendance à prendre un tour familier : « Tu as gagné la partie parce que tu n'as pas voulu de ce garçon chétif dans ton équipe, mais qu'as-tu éprouvé en le regardant ? Qu'a-t-il dû ressentir ? » Ou bien : « Tes copains t'ont demandé de sécher les cours, et maintenant que tu as refusé, tu as peur qu'ils te traitent de fayot. Mais qu'est-ce que ça t'aurait fait de savoir que tu n'étais pas là où tu aurais dû être ? » Ou encore : « Tu n'as pas rangé ta chambre quand je t'ai demandé de le faire. Qu'est-ce que ça te laisse comme sentiment ? »

Le critère essentiel pour bien choisir n'est généralement pas la raison rationnelle qui nous incite à faire une chose plutôt qu'une autre, mais bien la façon dont le choix est ressenti. C'est parce que, d'un point de vue spirituel, l'intuition est une faculté plus subtile que la raison. Appréhender la causalité est plus une affaire d'émotion que d'intellect : notre cœur nous dit quand une action est bonne ou mauvaise ou quand elle se trouve dans quelque zone grise du doute.

Dès le plus jeune âge, vous pouvez apprendre à vos enfants à observer si une mauvaise action les fait se sentir mal. Plus tard, la notion de conscience pourra être introduite, et, enfin, vers l'âge de douze ans, vous pourrez discuter des aspects plus abstraits qui font que les actions et leurs résultats sont intimement liés. Je ne veux pas dire par là qu'il faut leur enseigner : « Si tu fais quelque chose de mal, tu dois payer. » Cela signifierait que nous vivons tous sous la menace de la colère divine. Or, il n'en est rien. L'unique raison pour laquelle certains effets négatifs semblent soudain se manifester est que nous avons perdu le contact avec les niveaux les plus profonds de la nature. Nous violons par ignorance une loi spirituelle.

Dans notre société axée sur le résultat, où les louanges et la gloire vont souvent à des gens qui ont gagné leur succès aux dépens des autres et d'eux-mêmes, la valeur centrale du karma est rarement comprise. Pourtant, depuis peu, la notion d'« intelligence émotionnelle » a fait son chemin et a été fortement associée au succès. L'intelligence émotionnelle se concentre sur l'empathie ; elle nous dit comment une action affectera quelqu'un d'autre. Nous sentons à l'avance ce qu'il éprouvera. Les choix que l'on fait dans l'intention de favoriser le bien-être des autres ont tendance à porter davantage de fruits que les choix dictés par le seul intérêt personnel. Dans une civilisation matérialiste, cette constatation a peut-être quelque chose de surprenant, mais elle est entièrement prévisible par la loi du karma. Il est donc essentiel, tant du point de vue du karma que pour l'aider à développer son intelligence émotionnelle, de poser à votre enfant des questions telles que « Comment te sens-tu en faisant ce choix ? » et « Qu'a ressenti l'autre personne ? »

Un aspect essentiel de l'intelligence émotionnelle est de savoir différer le moment de la gratification. Les enfants qui apprennent à être patients, à attendre des résultats plutôt que de saisir un gain immédiat, réussissent bien mieux dans la vie que les enfants qui doivent sans délai satisfaire la moindre de leurs lubies. C'est particulièrement vrai en matière de relations humaines, puisque le premier pas vers l'empathie consiste à regarder au-delà de ses réactions immédiates, et sans empathie pour les sentiments d'une autre personne, il ne saurait y avoir de relation durable.

Sur le plan spirituel, l'intelligence émotionnelle se rattache à la question cruciale des limites de l'ego. Si vous avez le sentiment d'être un individu isolé dans le temps et l'espace, déconnecté des autres, vous n'avez pas de raison d'obéir à d'autres motivations que vos propres impulsions. Mais si vous comprenez que votre ego n'est pas votre être réel, que vous vous étendez sans limite dans toute la nature, alors vous pouvez vous permettre d'agir avec altruisme et empathie, puisque vous savez, au niveau le plus profond, que « tu » et « je » ne font qu'un. Ainsi, mes actions ne se limitent pas à ce que *je* veux, les résultats ne se bornent pas à ce qu'il *m'*arrive *à moi*. Il y a un flux de vie général qui enveloppe chaque individu dans un vaste dessein divin. C'est un don très précieux que d'apprendre aux enfants à observer ce flux, à voir comment leur vie s'inscrit dans l'univers comme une simple cellule dans l'organisme. Les enseignements de l'intelligence émotionnelle peuvent s'étendre bien au-delà des émotions pour s'appliquer au domaine de toute action et réaction.

Dans la pratique, ce que nous faisons aujourd'hui, c'est observer nos réactions immédiates pour nous demander ensuite : « Est-ce là tout ce que renferme une situation ? » Introduisez la notion que chaque situation présente des aspects qui échappent à la perception d'une seule personne. Comment les autres voient-ils la situation ? Par exemple, comment se sent le perdant d'un jeu si c'est votre enfant qui a gagné ? Qu'éprouve votre enfant quand quelqu'un d'autre heurte ses sentiments ? Montrez à vos enfants que la capacité d'empathie est possible quand on se met à la place de l'autre. En les invitant gentiment à regarder comment vont les choses, vous pouvez rendre pour eux le karma très réel et concret.

RÉFLEXIONS
SUR LA LOI DU KARMA

Nulle dette ne reste impayée dans l'univers.

*Ne regrettez pas les choses perdues — vous ne
pouvez perdre que ce qui est irréel,
et quand vous l'aurez perdu, il vous restera
le réel.*

*Pour connaître l'amour et le bonheur,
faites ce que vous pouvez pour en donner
aux autres.*

*Si vous n'observez pas de résultat immédiat
à une bonne ou à une mauvaise action,
soyez patient et observez.*

Mercredi

est le jour du Moindre Effort.

Aujourd'hui nous disons à nos enfants :
« Ne dis pas non — laisse-toi porter
par le courant. »

Le mercredi, nous nous engageons à faire les choses suivantes avec nos enfants :

1. Trouver le jeu qui se cache dans une tâche ménagère au minimum.
2. Réduire l'effort que demande l'accomplissement d'une chose importante.
3. Chercher les moyens par lesquels la nature nous aide.

Collaborez avec votre destinée, n'allez pas
à l'encontre, ne la contrariez pas.
Laissez-la s'accomplir d'elle-même.
NISARGADATTA MAHARAJ

La simple phrase « Laisse-toi porter par le courant » est riche de signification spirituelle. Le philosophe grec Héraclite assurait que la vie est comme un fleuve — on n'entre jamais deux fois dans les mêmes eaux. L'existence est toujours neuve, et pourtant nous sommes tentés de lui opposer de vieilles réactions. Quand nous nous surprenons à résister à quelque chose — ce qui, fondamentalement, revient à dire « non » —, c'est généralement que nous nous efforçons d'imposer un préjugé ou une vieille habitude dans une situation nouvelle.

La Loi du Moindre Effort nous commande de reconnaître la nouveauté de la vie en la laissant se déployer sans interférence. Elle nous enseigne de vivre dans l'instant, de chercher l'aide de la nature et de cesser de blâmer quiconque ou quoi que ce soit en dehors de nous-mêmes. Dans le courant, l'esprit organise déjà les millions de millions de détails qui sont à la base de l'existence, depuis les innombrables processus nécessaires pour maintenir en vie une unique cellule jusqu'à l'infinie complexité de l'univers en évolution. En nous reliant à l'esprit, nous nous laissons emporter par cette puissance organisatrice cosmique et nous en tirons avantage.

Toutefois, pour de nombreux adultes, le concept du moindre effort est difficile à accepter. Notre technologie s'efforce constamment d'inventer des moyens et des machines plus performantes pour réduire la charge de travail, mais il n'est pas facile d'appliquer cette démarche à l'échelon humain. Le principal obstacle est notre éthique laborieuse qui soutient que plus de travail rapporte plus de récompenses. Il y a deux failles dans cette théorie. Premièrement, la nature elle-même applique le principe du moindre effort — les lois de la physique imposent que tous les processus, de la rotation d'un électron à celle d'une galaxie, fonctionnent avec la moindre résistance et la plus grande économie d'énergie possible. Deuxièmement, le progrès humain est toujours passé par les idées, l'inspiration et le désir, qui sont spontanés. Aucune débauche de travail ne peut forcer l'inspiration ou le désir, ni même produire immanquablement de bonnes idées.

S'il est dur pour nous de nous laisser porter par le courant, chez un enfant, cela vient tout naturellement. Jusqu'à l'âge de six ans environ, aucune recommandation n'est nécessaire puisque les jeunes enfants empruntent immédiatement la voie de la moindre résistance : ils prennent ce qu'ils veulent, disent ce qu'ils ont à dire, expriment les émotions qu'ils ressentent sur le moment. Et leur activité principale n'est pas le travail, mais le jeu. Avec les enfants plus âgés, nous pouvons aborder les notions étroitement liées de ne pas résister, de ne pas ériger de défenses, et de prendre la responsabilité de la manière de travailler que l'on choisit. L'*acceptation* est essentielle dans la mesure où l'on gaspille beaucoup d'efforts à résister. L'absence de défense est liée à l'acceptation, en ce sens que la nécessité de défendre vos positions crée le conflit et le chaos, qui représentent l'un comme l'autre de grosses pertes d'énergie.

Rares sont ceux qui ne souhaitent pas parvenir à leurs fins, mais la Loi du Moindre Effort nous enseigne que nous pouvons y arriver par d'autres moyens que la lutte et l'affrontement. Nous pouvons nous laisser aller dans le courant de l'esprit en sachant que son pouvoir organisateur infini tendra à satisfaire nos volontés. Ainsi, la Loi du Moindre Effort apporte la foi et la patience. On nous a toujours dit qu'il fallait se battre pour arriver au succès. En réalité, il est bien plus important d'avoir foi en ses propres désirs. Quand vous partez du principe que d'autres personnes sont là pour vous empêcher de réaliser ce que vous voulez, vous n'avez pas d'autre choix que de vous défendre sans cesse. C'est une précieuse leçon pour un enfant que d'apprendre qu'il existe une puissance d'accomplissement des souhaits qui échappe au pouvoir des autres.

Le troisième élément de la Loi du Moindre Effort est la responsabilité. Les enfants doivent aussi savoir que le succès et la plénitude viennent de l'intérieur, et que c'est la seule chose qui compte. Chacun de nous est responsable de ce qu'il ressent, de ce qu'il désire, et de la démarche qui est choisie pour aborder les défis de la vie. La responsabilité la plus élevée s'exerce non en abattant une énorme quantité de travail, mais en accomplissant le travail de l'esprit dans une attitude de joie et de créativité. C'est la seule façon de rendre possible une vie sans lutte.

Mercredi avec les enfants

Les trois activités pour mercredi consistent à rechercher le jeu dans une tâche quotidienne, à réduire l'effort et à découvrir les moyens par lesquels la nature nous aide.

1. Les anciens textes indiens des Védas disent que le cosmos tout entier est un *lila*, un jeu des dieux, évoquant par là un univers récréatif. En trouvant le jeu qui se cache ne serait-ce que dans une seule tâche de la journée, vous enseignez à vos enfants la manière divine d'aborder le travail. La plupart du temps, il suffit pour cela de supprimer les pressions qui font obstacle au jeu : avertissements, menaces, urgence, culpabilisation, promesses d'argent ou d'autres récompenses pour le travail effectué.

Malgré votre propre éthique du travail, il est bon de rappeler certaines vérités spirituelles :

> • L'esprit ne vous reproche pas le travail non fait.

- La vie ne dépend pas d'une tâche accomplie ou non.
- Le travail n'est pas la source du bonheur.
- Ce qui importe, c'est votre attitude envers le travail, et non le travail lui-même.

Ainsi donc, une tâche qui attend que vous soyez relaxé et dans de bonnes dispositions est une tâche bien faite. L'exact opposé de cette attitude est le perfectionnisme, qui s'enracine dans la crainte et le contrôle. Il dissimule ce sentiment inavoué : « Je ne survivrai pas si je ne fais pas ça exactement comme Dieu le veut », qui fait de Dieu un contremaître intransigeant et sans amour.

En réalité, Dieu veut que vous jouissiez de cet univers récréatif, et plus tôt vous enseignerez à vos enfants la valeur de cette approche, plus vous leur donnerez de chances de succès. Par définition, les gens qui réussissent aiment ce qu'ils font. Ils ont trouvé la seule manière d'être « dans le courant », à savoir être détendus. La relaxation est une condition indispensable à cette expansion intérieure par laquelle une personne exprime la source d'inspiration et de joie qui jaillit en elle.

Donnez l'exemple à vos enfants, en transformant les tâches ménagères — passer l'aspirateur, ranger leur chambre, tondre la pelouse — en un jeu ou en une source de stimulation. Vous pouvez chanter en sortant les poubelles ou composer un poème en faisant la vaisselle.

Les jeux demandent juste un peu d'invention :
« Aujourd'hui nous n'allons pas seulement passer
l'aspirateur, on va faire la chasse aux fantômes.
Vous ne saviez pas que les fantômes se sauvent
dès qu'ils voient un aspirateur ? Ils ont horreur de
ça. » Avec ce scénario comme point de départ,
vous pouvez désigner lequel de vos enfants fera le
fantôme. Après que le « fantôme » s'est caché,
l'enfant qui passe l'aspirateur se rend dans la
pièce convenue et cherche à débusquer le fantôme
en aspirant sous le lit, dans le placard, derrière le
sofa, etc. Quand on a trouvé le fantôme, il suffit
d'inverser les rôles et de passer à la pièce sui-
vante. (Si vous n'avez qu'un enfant, découpez un
fantôme de papier que vous cacherez quelque
part, ou même cinq fantômes, avec un trophée
pour récompenser votre enfant s'il en trouve au
moins quatre.)

Vous tenez là un bon moyen de renverser votre
propre tendance à oublier que la vie est censée
être abordée comme un jeu, à l'image du jeu divin
du cosmos. Le mûrissement est un processus
engourdissant, voir abrutissant. Pour lutter contre
cette propension, apprenez à voir le jeu dans vos
propres activités, la joie au cœur du travail. Montrez à vos enfants votre propre plaisir à travailler.
Et dès qu'une tâche cesse d'être amusante, ou que
le jeu devient fastidieux, arrêtez-vous. Il n'y a rien
de mauvais dans un travail bien fait, mais un travail effectué à contrecœur et dans un état de
fatigue ne vaut pas la peine que l'on se donne. Le

résultat sera gâché par la négativité dont il est empreint.

2. Consacrez quelques minutes, avec toute la famille, à chercher des moyens de réduire les efforts, les tensions et la fatigue des tâches quotidiennes. À table, évoquez les solutions qui vous sont apparues pour vous simplifier l'existence. L'idée générale est ici de désarmer l'argument si souvent ressassé que la vie est un problème. Du point de vue spirituel, la vie ne pose pas de problème ; c'est notre attitude envers elle qui en crée. Vos enfants vont entendre des dizaines de fois par jour que les temps sont durs, que la vie est un combat, peut-être même un fardeau. (Il suffit d'écouter des élèves de troisième ou de quatrième année primaire pour constater qu'ils sont déjà soumis à des pressions et à des exigences de résultats qui compromettent leurs chances de bonheur et qui les contraignent à supporter le stress à des âges incroyablement jeunes.)

Pour réduire la quantité de travail imposée par une situation, il faut parfois passer par une solution mécanique, comme le recours à un ordinateur plus puissant pour résoudre un problème technique, mais souvent un simple changement d'attitude suffit. Rien n'est plus efficace que l'esprit. Quand vous pouvez invoquer l'esprit, vous avez plus de chance de succès qu'en toute autre circonstance. L'esprit est plénitude créatrice ; c'est pourquoi le mot latin *genius* signifie aussi « esprit ».

Dans la pratique, invoquer l'esprit, cela veut dire :

- Être de bonne humeur pour travailler.
- Aborder les tâches avec une confiance détendue.
- Ne pas vous imposer des contraintes physiques excessives (par exemple, veiller tard la nuit, travailler trop longtemps, ne pas faire de pause, ne pas manger ou boire suffisamment).
- Méditer régulièrement.
- Faire appel à l'inspiration, en attendant patiemment qu'elle vienne.
- Ne pas opposer de résistance aux changements de situation.
- Ne pas vouloir imposer à tout prix votre point de vue.
- Ne pas présumer que vous connaissez la réponse à l'avance.

Passez ces points en revue au dîner pour renforcer les habitudes que vous souhaitez favoriser chez vos enfants.

3. Lorsque l'esprit, ou la nature, vous vient en aide pour un travail, son intervention est souvent silencieuse et passe inaperçue. Il est bon d'inciter les enfants à y prêter attention le plus rapidement possible. « As-tu eu une nouvelle idée aujourd'hui ? » ; « As-tu été surpris de voir que ce

n'était pas si difficile que ça ? » Vous pouvez commencer par des questions comme celles-ci et donner ensuite vos propres exemples. L'accent devrait être mis sur les solutions créatives, si banales qu'elles puissent paraître, qui vous ont donné le sentiment d'être inspiré. C'est en encourageant une telle attitude dès le plus jeune âge que vous ouvrirez la voie à l'inspiration dans les années à venir.

RÉFLEXIONS
SUR LA LOI DU MOINDRE EFFORT

Consacrez tous vos efforts à organiser votre vie,
mais n'oubliez pas que la nature
est la grande organisatrice.

N'essayez pas d'aller à contre-courant.

Dans ses moments de production et
de création les plus intenses,
la nature ne travaille pas… elle joue.

Le travail le mieux fait est celui qui découle
de nous sans effort.

La résistance à la vie finit toujours
par échouer.

Laissez venir à vous les dons de l'esprit.

Jeudi

est le jour de l'Intention et du Désir.

Aujourd'hui nous disons à nos enfants :
« Chaque fois que tu désires ou que tu veux,
tu plantes une graine. »

Le jeudi, nous nous engageons à faire avec nos enfants les choses suivantes :

1. Faire une liste claire de tous nos désirs pour la semaine.
2. Nous en remettre à la nature pour satisfaire nos désirs.
3. Être attentif à l'instant présent, celui de tous les accomplissements.

Choisissez bien ce que vous désirez de tout votre cœur,
car vous l'obtiendrez sûrement.
RALPH WALDO EMERSON

Réaliser nos désirs, voilà la clé du succès, et pour nous tous la manière dont nous apprenons à le faire remonte à l'enfance. Le désir est une notion complexe. Il soulève des questions insoupçonnées sur ce que nous méritons, sur nos qualités propres, sur la bienveillance de Dieu à notre égard, etc. Il y a tant de questions en fait qu'aucun parent ne peut répondre à toutes par avance. Le succès et l'échec sont des expériences très personnelles, intimement liées à celui ou celle que vous pensez être réellement au fond de vous-même.

Comme parents, nous souhaitons que notre enfant puisse s'appuyer sur une solide base d'estime de soi en prévision des innombrables expériences de succès et d'échec qui l'attendent. Sur le plan spirituel, le désir n'est jamais négatif ; nous sommes par nature des êtres de désir. C'est de lui que nous vient la volonté de croître. D'autres créatures n'ont pas cette volonté, car chez elles le processus est génétique. Mais pour les humains, la volonté de croître et de s'élever dirige l'esprit vers la source d'amour, de paix et de puissance infinie qui est le but ultime de la vie.

Les enfants doivent apprendre que le désir est le chemin qui mène à Dieu, et l'intention est le principal instrument de cette progression. Ce que vous projetez pour vous-même détermine ce qui vous échoit. Cela peut paraître paradoxal, mais vous devez avoir une vision de l'avenir pour que l'avenir vous surprenne, car, sans vision, la vie s'enferme dans le rituel et la répétition. Un avenir qui ne fait que répéter le présent ne peut jamais être surprenant.

Le processus spirituel qui permet la réalisation des désirs ne naît pas aussi spontanément que le désir lui-même. Il doit être enseigné. La principale cause de l'absence de succès dans la vie est la confusion mentale. Par exemple, nous ne remarquons pas à quel point nos désirs sont conflictuels et nous envoyons involontairement des messages contradictoires à l'univers. Ainsi, quelqu'un qui a raté sa vie et qui rêve de richesses tout en refusant d'endosser la moindre responsabilité introduit sans s'en rendre compte dans l'ordinateur cosmique des données qui s'annulent mutuellement. Deux désirs opposés coexistent : « Je veux la richesse » et « Je ne veux pas regarder ma situation en face ». Cet aveuglement l'amène à blâmer pour son échec une autre personne ou des circonstances extérieures alors qu'en réalité la nature répond à chacun de ses vœux. Il se trouve simplement que ses souhaits sont faibles, mal dirigés et en contradiction l'un avec l'autre.

Savoir ce que l'on veut... c'est un premier pas si évident dans le processus du désir qu'il est étonnant que tant de gens puissent l'ignorer. Vos enfants ont divers niveaux de désir dont ils ne sont peut-être pas conscients, tout comme les adultes. Les désirs n'apparaissent pas toujours clairement, et il est rare qu'ils se manifestent d'eux-mêmes ; ils sont mêlés de fantaisies, de rêves, de velléités et de projections. En outre, le désir est un processus qui vient par vagues successives ; l'une recouvrant la précédente. Nous avons tous de grands désirs qui ne se réalisent qu'au bout de mois ou d'années, et de petits désirs que l'on satisfait en quelques jours, heures ou minutes.

Plus vos enfants apprendront à connaître leurs intentions, plus il leur sera facile d'organiser leur vie, puisque l'ordre commence dans l'esprit.

Jeudi avec les enfants

Les trois activités du jeudi visent à clarifier les mécanismes du désir : dresser la liste de ses désirs ou les formuler aussi clairement que possible, confier ses désirs à l'univers et s'en remettre à la force créatrice pour les réaliser, et rester attentif à l'instant présent, celui de tous les résultats.

1. Aujourd'hui, demandez à chacun dans la famille d'établir une liste de désirs pour la semaine à venir et de la coller sur le réfrigérateur. (Vous pouvez commencer cette activité quand votre enfant a huit ou neuf ans ; les enfants plus jeunes ne saisissent pas encore les mécanismes de l'intention et ils penseraient faire simplement une liste de cadeaux pour le père Noël.)

Pour guider vos enfants, posez-leur des questions comme « Qu'est-ce que tu souhaites le plus pour toi-même ? » ; « Qu'est-ce que tu souhaites le plus pour quelqu'un d'autre ? » ; « Que voudrais-tu qu'il se passe à l'école ? » Essayez d'éviter que la liste ne se transforme en une série d'acquisitions souhaitées, du genre un nouveau vélo ou un jeu vidéo.

Remarquez plutôt que l'univers ne cesse de nous apporter un flux de résultats et de récompenses qui découlent de nos désirs et de nos volontés. Les souhaits et les volontés sont comme des graines, et les choses qui nous arrivent sont les germes de ces graines. Certaines graines mettent longtemps à germer — un enfant inspiré par le piano, par exemple, plante une graine qui pourra germer et croître toute sa vie durant. Nous sommes animés par de grands et de petits désirs qui ne se réalisent pas tous à la fois. Chaque désir a sa propre saison, sa propre manière de se concrétiser.

Encouragez vos enfants à aspirer avant tout au bonheur et à l'accomplissement, à l'absence de conflit ou d'affrontement, et à d'autres satisfactions spirituelles. Mais encouragez aussi la germination de toutes les graines qui vous semblent profitables à quelque niveau que ce soit — un talent en devenir, de bonnes dispositions pour l'étude ou pour les relations personnelles, un don ou un enthousiasme particulier pour certains jeux…

Avec les jeunes enfants qui ne sont pas encore en âge de dresser une liste ou d'envisager les désirs comme des intentions, essayez une démarche plus concrète : placez un haricot entre deux tampons d'ouate humide et montrez-leur le miracle de la germination. Repiquez ensuite la graine et expliquez à vos enfants que, s'ils veulent que la plante pousse, ils devront lui donner de l'eau et des soins. La métaphore de la graine est applicable à tout âge, puisqu'elle est en relation directe avec les mécanismes de la nature.

2. Il n'est sans doute pas facile pour les enfants d'apprendre à libérer leurs désirs, surtout s'ils ont pris l'habitude de se tourner vers leurs parents comme vers la source de tout ce qu'ils souhaitent. Nombre de parents, constamment sollicités par leurs enfants qui cherchent à les enjôler pour obtenir l'une ou l'autre gâterie, seraient effrayés à l'idée de leur enseigner à vouloir plus. Mais l'important ici est de vouloir *plus efficacement*. Confier un désir à l'univers participe de cette efficacité, car nul n'a le pouvoir à lui seul de réaliser les souhaits et les volontés.

Le succès vient de toutes les directions.

Dès lors que vous avez compris cela, vous pouvez apprendre à vos enfants le principe de l'attente patiente. Lorsque l'on sait ce que l'on veut, on regarde les choses de manière plus détendue. Les désirs superficiels s'estomperont d'eux-mêmes, mais ceux qui sont sincères et profonds seront nourris par la nature. Expliquez à vos enfants que les désirs qu'on garde dans son cœur se réalisent plus vite que ceux dont on parle sans cesse.

3. À tout moment de la journée, un désir est en train de se réaliser. Les vieilles graines que nous

avions plantées (et peut-être oubliées) portent des résultats, qui se mêlent aux prémices d'autres résultats, plus vastes, à venir. L'essentiel est que vos enfants aient conscience que l'univers (ou l'Esprit ou Dieu) est toujours à l'écoute : personne n'est jamais seul.

Une manière toute simple de rester attentif à la réponse de l'univers est de garder l'œil sur les listes de souhaits collées sur le réfrigérateur. Apprenez à vos enfants à observer comment chaque désir se réalise durant la semaine. Vous pouvez les y inciter par une question du genre : « Est-ce qu'il t'est arrivé quelque chose de vraiment bien aujourd'hui ? », et leur faire ensuite remarquer comment la réponse s'accorde avec la liste de la semaine.

L'attention à l'instant présent est le fertilisant qui fait croître l'accomplissement du désir.

La plupart des désirs se réalisent par de multiples petites étapes, et non d'un seul coup ; c'est particulièrement vrai pour les graines qui, une fois plantées, se développent d'année en année. Chaque phase de l'accomplissement vient en son temps. C'est donc en restant attentif à l'instant présent que nous recueillons les fruits de nos vœux. Prenons par exemple le bonheur. Tout le monde veut être heureux, mais beaucoup de gens attendent une sorte d'apparition ou une soudaine explosion de joie qui durera toujours. Le vrai bonheur n'est pas comme cela. C'est un état de bien-être dont il faut savoir prendre conscience. Faute de quoi l'instant passe inaperçu ou il reste masqué par les circonstances extérieures qui semblent nous rendre heureux (ou malheureux). Pour être attentif à l'instant présent, il faut regarder en soi ; chercher la réalisation de ses désirs en dehors de soi, c'est ignorer le véritable foyer de l'accomplissement.

Souvent les jeunes enfants n'ont pas la capacité d'attention suffisante pour suivre un désir depuis sa conception jusqu'à sa réalisation. On peut quand même leur enseigner que le fait de vouloir quelque chose ne doit pas déboucher sur des demandes répétées, des jérémiades et une détresse générale s'ils ne sont pas exaucés immédiatement. À ce stade précoce, c'est vous qui remplacez la nature en étant attentifs aux désirs de vos enfants. S'ils savent que vous êtes à l'écoute de leurs besoins et que vous souhaitez les satisfaire, vos enfants sont sur la bonne voie pour s'en remettre plus tard à la nature.

Les enfants plus âgés sont capables d'observer les choses de plus près et plus longuement. Ils peuvent apprendre que le désir est un mécanisme qui s'enracine dans le cœur et qu'il ne doit pas être rejeté dans le monde extérieur. La voie de nos désirs est naturelle : nous sommes amenés à nous occuper de ce qui nous procure l'accomplissement le plus profond, en harmonie avec nos talents et nos capacités. Ainsi, le désir devient son propre maître et montre à l'enfant comment suivre son guide intérieur.

« Est-ce cela que tu veux vraiment ? » Vers les dernières années primaires, vos enfants sont en âge de comprendre cette question, qui restera pertinente tout au long de la vie. Si la réponse est « oui », l'enfant doit apprendre que son souhait suffit à satisfaire Dieu ; l'intention divine s'accorde avec l'intention humaine si le désir est pur, bien défini, et s'il va dans le sens d'un épanouissement spirituel. Les désirs qui ne se réalisent pas sont sans doute dépourvus de l'une ou l'autre de ces qualités, ou ils ont simplement encore besoin de temps.

RÉFLEXIONS
SUR LA LOI DE L'INTENTION ET DU DÉSIR

Honorez les bonnes choses que vous souhaitez
pour vous-même,
car le désir est la voie qui mène à Dieu.

Chaque événement qui, aujourd'hui,
vous déconcerte
a sa semence dans une intention d'hier.

L'esprit ne peut satisfaire aucun désir tant que
vous ne le libérez pas.

Le résultat d'une intention est toujours aussi
pur, clair et précis
que l'était l'intention elle-même.

Vendredi

est le jour du Détachement.

Aujourd'hui nous disons à nos enfants :
« Profite du voyage. »

Le vendredi, nous nous engageons à faire avec nos enfants les choses suivantes :

1. Leur parler du « vrai toi ».
2. Leur montrer que l'incertitude peut être bonne — nul ne doit posséder toutes les réponses.
3. Leur apprendre à considérer la perte et le gain de manière équilibrée.

Toute vie est expérience. Plus vous faites
d'expériences, mieux c'est.
RALPH WALDO EMERSON

« Profite du voyage. » Cette phrase est une manière positive d'exprimer une idée qui n'est guère populaire dans notre société. Selon les cultures, les mots prennent des valeurs différentes. Il n'en est pas de meilleur exemple que le mot « détachement ». Depuis des milliers d'années, en Orient surtout, le mot « détachement » possède une connotation positive : il désigne la faculté de trouver le bonheur au-delà du jeu, du plaisir et de la souffrance. En Occident, toutefois, notre obsession de la réussite matérielle a fait du détachement une notion négative associée à l'indifférence, à l'apathie au refus de s'impliquer.

Il ne fait aucun doute que l'attitude orientale, si elle vient à dégénérer, peut pécher par fatalisme et par manque d'initiative, mais, dans sa signification authentique, le détachement suppose une participation et une créativité intenses, avec néanmoins l'acceptation de ce qu'il advient. L'une et l'autre sont nécessaires au bonheur : la participation passionnée nous procure la joie d'employer notre créativité ; l'acceptation reconnaît que tout ce qu'il advient dépend de l'univers et non de notre ego limité. Un homme sage est détaché du drame du monde matériel parce qu'il se concentre plutôt sur la source d'où découlent toutes les dualités de lumière et de ténèbres, de bien et de mal, de plaisir et de peine.

Comme il va à l'encontre de nos préjugés culturels, le détachement n'est pas le principe le plus facile à enseigner. Nous pouvons commencer par ce qu'il n'est pas :

- Le détachement n'est pas de dire qu'on ne s'en soucie pas.
- Le détachement n'est pas de dire qu'on n'est pas responsable quand on l'est.
- Le détachement n'est pas d'ignorer les besoins et les sentiments des autres.
- Le détachement n'est pas de ne penser qu'à soi.

Une bonne manière de mettre vos enfants sur la voie du détachement est de leur apprendre à éviter ces écueils. La plupart du temps, nous avons tendance à nous attacher à une chose, à une situation que nous associons toujours aux mots « moi » ou « mien ». Mes affaires, mon travail, mes opinions, ma fierté, etc. : c'est la peur qui nous pousse à nous accrocher à tout cela. Nous craignons cet univers qui nous apparaît froid et indifférent, et nous rassemblons toutes nos énergies autour de ce « moi » qui est censé nous protéger.

Mais cette contraction de l'ego, au contraire, fait obstacle à l'expansion libre qui nous permet d'entrer en relation avec l'esprit. On décrit souvent ce processus comme la différence entre le moi et le Soi. Le moi est l'ego isolé qui s'accroche à sa réalité étriquée ; le Soi est l'esprit illimité qui n'a besoin de s'accrocher à rien.

Le détachement signifie que l'on vit par le Soi et non par le moi.

L'enfance est une période critique pour la découverte du Soi, car c'est alors que l'ego, avec tous ses besoins et ses peurs, commence à se développer. Quand un enfant succombe à la tentation de l'ego, l'illusion du « je, moi, mien » prend prise sur lui et il lui sera à la fois douloureux et difficile de s'en libérer à l'âge adulte. L'ego doit être tempéré par la notion que « je » ne correspond pas nécessairement à l'ego ; l'individualité peut être un sentiment d'union avec le champ de toutes les possibilités — c'est ce que l'on appelle l'ego cosmique. Ainsi, en leur enseignant le détachement, vous invitez vos enfants à vous rejoindre dans la danse cosmique.

Le détachement est la perspective qui nous permet de profiter du voyage de la vie. C'est une faculté essentielle pour le succès.

Il serait bon aussi d'évoquer un peu la notion d'« implication détachée », qui consiste à se lancer avec enthousiasme dans tout ce que l'on fait, sans espérer pour autant en contrôler le résultat. Votre responsabilité est limitée aux actions que vous entreprenez ; l'issue est laissée entre les mains de l'esprit. Pour les jeunes enfants, ce principe n'est pas vraiment applicable, car il renferme un paradoxe apparent. Comment une personne peut-elle s'impliquer totalement et être en même temps détachée ?

La réponse se trouve uniquement dans le champ de l'Être. Si vous vous identifiez à l'esprit, vos actions individuelles s'inscrivent dans un cadre plus large. Ce cadre infini — on pourrait l'appeler le plan divin de Dieu — échappe à toute conception rationnelle d'un individu. Le détachement est l'attitude que nous adoptons quand nous sortons de notre plan plus étroit pour aller vers Dieu ; l'implication est celle par laquelle nous montrons notre volonté de participer, puisque rien ne peut inspirer plus de passion que de créer conjointement avec Dieu.

La sagesse de l'incertitude est une notion très proche. L'incertitude est redoutée par l'ego, qui prétend toujours contrôler la réalité, mais, du point de vue du détachement, un univers en évolution constante doit demeurer incertain. Si les choses étaient certaines, il ne pourrait y avoir de créativité. C'est pourquoi l'esprit opère par des surprises et des situations inattendues. De prime abord, l'amour divin de l'incertitude semble en contradiction avec la Loi du Karma, qui dit que tout est régi par la causalité. Mais le karma n'est pas la réalité ultime ; c'est simplement le mécanisme par lequel les choses se font dans le monde relatif. La réalité ultime est le déploiement de la créativité divine. L'univers est en définitive un univers récréatif ; il participe d'un jeu divin. Plus nous en sommes conscients et plus nous pouvons nous joindre au jeu et nous libérer de toute anxiété quant au déroulement des choses à venir. Nous n'accédons à la paix de l'esprit que lorsque nous acceptons la sagesse de l'incertitude.

Si l'univers est incertain — comme l'affirme le fameux principe d'Heisenberg —, alors tout est possible. Nous pouvons nous mettre à l'aise en fixant certaines situations, mais une fixité totale serait la mort. En termes spirituels, la mort n'est pas l'extinction, c'est le gel de la vie, l'énergie qui se fige sur place au lieu de s'écouler vers son objectif suivant dans le plan de Dieu. On ne saurait avoir une vision complète de la vie sans comprendre que tout et n'importe quoi peut arriver, et que notre rôle est de rester ouverts à l'incertitude et à la surprise.

Vendredi avec les enfants

Les trois activités du vendredi consistent à regarder le monde d'une manière plus détachée : à comprendre que le « vrai toi » est spirituel, à accepter que l'incertitude est inévitable, qu'elle ne doit pas être redoutée, et à considérer la perte et le gain d'une manière équilibrée.

Ces leçons ne sont qu'un commencement : le détachement progresse à tous les niveaux à mesure que la vie spirituelle mûrit. Il a pour conséquence naturelle l'altruisme et la compassion, ainsi que la volonté de servir. Le remplacement de l'orgueil par l'humilité est aussi un fruit du détachement, de même que cet état que le Christ appelait « être dans le monde sans lui appartenir ». Mon expression favorite pour traduire le détachement est celle qui fait de chacun de nous un citoyen de l'univers. Toutes ces choses sont impliquées dans les simples leçons d'aujourd'hui.

1. Le « vrai toi » est un thème fascinant à tout âge. L'attirance des enfants pour le surnaturel ne date pas d'hier. Dès le berceau, ou presque, on leur raconte des histoires qui parlent de Dieu, du ciel et des anges ; les contes de fées créent pour eux un monde qu'ils acceptent comme un univers imaginaire et cependant plus réel que le monde qui les entoure. En partant de ces considérations, vous pouvez parler du Soi à vos enfants en termes compréhensibles.

Voici, par exemple, le genre de fable que vous pouvez raconter à de jeunes enfants : « On a tous un ami invisible qui veille sur tout ce qu'on fait. Toi-même tu as cet ami, et aussi tes frères et tes sœurs, et maman et papa. Dieu t'a envoyé ton ami. Ton ami n'est pas au ciel comme les anges, mais juste là, dans ton cœur. Tu sais comment il s'appelle ? Exactement comme toi, parce que ton ami fait partie de toi. Quand tu aimes tes jouets, ou moi, ou n'importe quoi d'autre, ton ami t'aide à ressentir cet amour. Alors, chaque fois que tu te sens triste ou en colère, n'oublie pas : ferme les yeux et demande à ton ami de te rappeler que, nous tous, nous t'aimons beaucoup et que tu dois toujours t'aimer toi-même. C'est pour te dire ça que ton ami invisible est ici. »

Le Soi est l'âme d'une personne, qui contemple tous les événements dans ce monde avec une paix et une joie parfaites. C'est notre lien avec Dieu et le ciel (si vous choisissez d'employer ces termes) ou avec le champ de toutes les possibilités. Votre

Soi n'est jamais blessé ou troublé ; il vous aime toujours ; il est toujours là. Les enfants seront rassurés d'entendre ces choses, même s'il leur faudra longtemps pour les croire entièrement.

Il faut une longue expérience de la méditation pour parvenir à s'identifier pleinement avec le Soi, car c'est par le silence de la conscience intérieure que l'on connaît le Soi. Peu à peu vous en venez à comprendre que le Soi n'est pas simplement en vous ; il imprègne toute l'existence. La complexité infinie de la vie ne peut être appréhendée par le petit moi — quels que soient les efforts que l'on fasse pour s'en convaincre, le réel n'est pas sous le contrôle de l'ego. Le Soi organise la réalité en observant, en laissant les choses arriver, en acceptant, et, finalement, en s'unissant à l'intelligence cosmique qui régit toute réalité jusque dans le plus petit détail.

2. Entre la nécessité d'apporter à vos enfants la sécurité et celle de leur enseigner que la réalité peut être très incertaine, l'équilibre est toujours très délicat. C'est un dilemme auquel sont confrontés tous les parents et qu'ils considèrent souvent avec beaucoup d'anxiété, craignant d'en faire trop dans un sens ou dans l'autre : inspirer à leurs enfants un faux sentiment de sécurité ou, au contraire, les effrayer par des mises en garde exagérées.

Du point de vue spirituel, il nous faut concilier ces valeurs opposées et parvenir à nous sentir en sûreté dans un monde changeant et imprévisible. L'incertitude ne peut être évacuée, et il est donc profondément souhaitable de se la concilier, de comprendre qu'il y a de la sagesse dans l'incertitude — la sagesse d'un créateur qui souhaite conserver à la réalité sa fraîcheur, sa nouveauté et son éternelle évolution vers l'accomplissement.

Comment pouvons-nous communiquer cela à un enfant ? Les jeunes enfants aiment les surprises… Aujourd'hui, ne vous privez pas de les surprendre. Un cadeau inattendu apporte la joie à celui qui donne comme à celui qui reçoit, et il n'a pas besoin d'autre raison que « J'avais envie de faire quelque chose de différent » — après tout, Dieu n'en demande pas davantage.

Pour des enfants plus âgés, l'incertitude semble parfois poser un problème, car elle suppose un monde changeant où il est difficile de prendre ses marques. Il est important d'apprendre à vos enfants à accepter les changements comme ils viennent, et aussi à regarder en face leurs angoisses secrètes. Avec des enfants de cinq ans ou plus, n'hésitez pas à demander si quelque chose de nouveau est une source d'appréhension. Il suffit d'une simple entrée en matière du genre : « Je sais que tu n'as jamais fait ça avant. Tu n'as pas peur ? »

C'est aussi le jour où vous devriez vous rappeler de ne pas vous comporter en présence de vos enfants comme si vous saviez tout, comme si le fait d'être un adulte voulait dire que toutes les questions ont été réglées. C'est un point délicat parce que les enfants sont rassurés par l'autorité. Il vous faudra donc présenter votre propre incertitude en termes positifs. Au lieu de dire « Je n'ai pas la réponse », observez plutôt qu'il y a beaucoup de réponses possibles et que l'un des grands plaisirs de la vie est de découvrir à tout âge que l'on a encore beaucoup à apprendre.

3. Quel que soit le niveau où l'on se place, il n'est jamais agréable de perdre quelque chose. Les enfants sont aussi désemparés par la mort d'un animal de compagnie ou la perte d'un jouet que peuvent l'être les adultes par la mort d'un proche ou bien la perte d'un emploi. La souffrance que nous éprouvons devant la perte nous vient de l'attente : nous nous attendons à être heureux si nous avons quelque chose, et malheureux si nous ne l'avons pas. On a beau se répéter que l'argent ne fait pas le bonheur, nous avons tous tendance à associer les possessions et le bien-être.

Vous pouvez commencer dès le plus jeune âge à enseigner à vos enfants une autre manière de voir, à chercher le bonheur en soi plutôt que dans des objets extérieurs. C'est ici qu'intervient la leçon sur le gain et la perte. Traiter la perte sur le plan uniquement matériel n'est pas une solution satisfaisante pour un enfant. Dire : « Ne pleure plus, je t'achèterai une autre poupée » est aussi mal inspiré que de décréter, à l'inverse : « C'est de ta faute si tu l'as perdue, tant pis pour toi ! »

Ces deux affirmations partent du principe que la poupée est la source du bonheur. Bien sûr, vous allez devoir décider de remplacer ou non ce qui a été perdu, mais le point essentiel ici est que la poupée n'a pas d'importance. Peu importe ce que l'on a ou ce que l'on n'a pas ; il vous faut donner à vos enfants de l'amour et de la sécurité. Une perte peut être l'occasion de renforcer l'idée que le « vrai toi » est demeuré intact. Laissez la tristesse s'exprimer — il ne faut pas faire obstacle aux émotions —, mais remettez les choses dans leur contexte : « Je sais que tu as de la peine, mais ce n'est qu'un objet, et tu es ici pour des raisons bien plus importantes que les choses que tu possèdes ou que tu ne possèdes pas. »

Quelles sont ces raisons ? Dans les cas difficiles, une fois passée la première vague d'émotion, vous pouvez dire quelque chose comme :

- « Tu es ici pour être unique, parce que tu es unique. »
- « Tu es ici pour découvrir toutes sortes de choses. »
- « Tu es ici pour que papa et maman t'aiment et prennent soin de toi. »
- « Tu es ici pour être heureux de toutes sortes de manières. »

Chacune de ces affirmations renferme l'idée que « je » est un être unique, créatif, aimé et prémuni contre toute perte. Pleurer à cause d'une poupée égarée, ce n'est pas la même chose que de perdre une part de soi-même... mais cette vérité toute simple échappe à beaucoup d'enfants parce que leurs parents oublient de la leur rappeler.

Ainsi le thème tout entier de la perte et du gain peut être traité en même temps. Beaucoup de gens sont élevés dans l'idée que leurs problèmes seront résolus dès qu'ils auront amassé assez de quelque chose : argent, réputation, situation, etc. Mais la perte et le gain vont toujours par cycles. Il en va de même, en fin de compte, pour la vie et la mort, qui se succèdent sans cesse dans le cycle des naissances et des renaissances.

Le détachement est cette qualité qui nous permet de n'être pas touchés par la perte ou par le gain. Ni l'une ni l'autre n'affectent le Soi ; le Soi est toujours entier. Il reçoit toujours de sa source assez d'amour et de bonheur. Enseignez cela à vos enfants, en insistant sur le fait que cette source d'amour et de bonheur est toujours disponible. Le parcours spirituel est la révélation que le Soi est bien plus sûr que le moi.

RÉFLEXIONS
SUR LA LOI DU DÉTACHEMENT

*Le détachement, c'est l'intérêt passionné
pour l'œuvre,
mais non pour ce qu'elle rapporte.*

*Quel que soit le nom que l'on se donne ou
l'étiquette qu'on se colle,
ce ne sont que mensonges...
le vrai Soi est sans limites et sans nom, au-
delà de toute étiquette.*

*Ayez confiance en vous, et non en ce que
vous accomplissez,
voilà la clé du succès.*

*Confiez-vous à l'univers,
et vous n'éprouverez plus le besoin de contrôler.*

*C'est l'acceptation de soi qui mène au succès,
non pas les autres voies détournées.*

Samedi

est le jour du Dharma.

Aujourd'hui nous disons à nos enfants :
« Tu es ici pour une raison. »

Le samedi, nous nous engageons à faire avec nos enfants les choses suivantes :

1. Demander à chacun : « Où en es-tu en ce moment ? »
2. Encourager leurs talents et leurs facultés uniques.
3. Les inciter à accomplir un acte de service.

Chaque vie est un conte de fées
écrit par la main de Dieu.
HANS CHRISTIAN ANDERSEN

« *Dharma* » est un mot sanskrit qui signifie plusieurs choses : le devoir, l'intention et la loi. En un sens, le jour du dharma est le jour de la loi, l'accomplissement de toute une semaine dédiée aux lois spirituelles. Ce jour, nous réfléchissons sur nous-mêmes : avons-nous bien suivi la loi spirituelle ? Notre existence est-elle à l'unisson de l'harmonie universelle ?

Aujourd'hui, nous rappelons à notre enfant : « Tu es ici pour une raison. » La loi spirituelle est faite pour nous servir comme nous la servons. Elle nous sert en nous montrant que le bonheur durable et la réalisation de soi sont possibles, et même inévitables. Dans chaque événement, chaque action, chaque pensée, il y a une intention secrète qui œuvre à notre évolution. Le but le plus élevé dans la vie est de découvrir cette intention et de vivre par elle.

Ce jour, nous mesurons notre succès selon que la semaine a été ou non bien remplie, selon les facilités et les occasions qu'elle nous a apportées, selon les inspirations nouvelles et les révélations qui ont croisé notre chemin. Ensuite, nous renvoyons toutes ces choses vers nos enfants. L'impression que la vie est injuste ne semble fondée qu'à cause du comportement sans amour de ceux qui ne peuvent toujours partager les niveaux de conscience élevés que l'esprit tente de nous inspirer.

L'intention n'est active que si l'on est réceptif. La conscience est la clé qui nous permet d'accomplir ce que l'univers attend de nous.

Dans la famille, vous pouvez renforcer le sentiment que la vie est toujours juste. Le dharma y veille par la force de la loi spirituelle. Dire que la vie est injuste, cela revient à prétendre qu'elle est aléatoire, dépourvue de sens, capricieuse et dangereuse, bref, qu'il n'y a pas de loi spirituelle. Aussi, en ce jour, vous pouvez combattre toutes ces impressions en démontrant que la vie est vraiment juste, puisque nous avons le libre arbitre qui nous donne la possibilité de nous exprimer par toute la force créatrice dont nous disposons.

Samedi avec les enfants

Les trois activités du samedi s'articulent autour du sens de la vie tel qu'il se déploie sous les yeux d'un enfant. Demandez à votre enfant : « Où en es-tu maintenant ? » Encouragez tout ce qui fait de lui un être unique. Et incitez-le à accomplir un acte de service.

1. La question « Où en es-tu ? » est pour vous le moyen d'explorer ce que pensent vos enfants de leurs buts et de leurs progrès. Le dharma de chacun est son chemin, qui comporte plusieurs éléments :

- Où je pense aller. C'est ma vision.
- Comment je compte y parvenir. C'est le travail qui m'attend sur ce chemin.
- Jusqu'où je pense être arrivé. C'est mon niveau de conscience.
- Ce qui, je crois, me retient. C'est mon épreuve ou ma leçon.

Pour être complet, le dharma doit contenir tous ces ingrédients. Sans un moyen de progresser sur le chemin, la vision n'est que fantaisie. Sans vision, le travail et la réussite ne sont que gaspillage de talent. Il n'est pas nécessaire d'exprimer verbalement chaque jour toutes ces composantes. Une vision, par exemple, est souvent plus forte au commencement et cède ensuite la place au travail à accomplir et aux obstacles qui se présentent et qui donnent à la vision sa réalité.

Mais il est bon que vos enfants apprennent à être conscients de leur parcours. Les plus jeunes ont un but instinctif : être heureux. Mais dès qu'un enfant est assez grand pour se fixer des objectifs — vers l'âge de cinq ou six ans —, il devient nécessaire de mesurer ses progrès. « Où en es-tu ? Comment vont les choses ? Est-ce que tu approches de ce que tu veux atteindre ? Et si non, pourquoi ? » Avec ces questions présentes à l'esprit, les parents peuvent entreprendre d'encourager chaque enfant à éprouver jour après jour un sentiment de relation intime avec le sens de la vie.

Vous pouvez aussi élargir le débat en demandant : « Où en sommes-nous en tant que famille ? » C'est le genre de questions que l'on hésite souvent à poser par manque d'ouverture, d'intimité ou de confiance. Ou encore parce que les parents s'attachent trop à donner l'impression de détenir toutes les réponses.

Dès leur plus jeune âge, il vous faut apprendre à vos enfants qu'ils ne doivent pas hésiter à exprimer leurs sentiments sur les questions qui touchent à la famille. Encouragez-les également à parler en toute franchise de leurs aspirations personnelles qui tardent à se concrétiser. Un grand nombre de désirs ne se réalisent pas, du moins pas immédiatement ; la déception, le découragement et la frustration sont des réalités spirituelles que les enfants n'ont nul besoin de dissimuler. Tous les chemins ont leurs obstacles, et même s'ils suscitent en nous des émotions négatives, la Loi du Dharma nous enseigne qu'il y a du bon dans chaque pierre d'achoppement. Le dharma est une loi universelle qui nous guide et nous soutient dans notre parcours. Ainsi, la réponse ultime à la question « Où en es-tu maintenant ? » est « Là où je dois être. ».

Pour donner une telle réponse, il faut se sentir en sécurité, et c'est ce sentiment de sécurité qu'il vous appartient de renforcer chez vos enfants. Individuellement, nous n'avons pas la faculté de voir ce qui nous attend derrière chaque détour du chemin. La nature n'a pas pour habitude de s'offrir tout entière au premier coup d'œil, puisque la surprise et l'incertitude font partie du plan divin.

Mais, bien entendu, les enfants ont tendance à être frustrés quand les choses ne se passent pas exactement comme ils le voudraient. Il faut toute une vie pour apprendre la patience et pour accepter l'idée que chacun se trouve là où il doit être.

2. Pour faire en sorte qu'un enfant se sente unique, il faut lui faire sentir qu'il est *voulu* d'une

manière unique. C'est une chose que d'avoir un talent, c'en est une autre que de découvrir que l'univers accueille avec bienveillance cette faculté. Sans amour, l'unicité est stérile et très proche de la solitude. Aujourd'hui, vous pourriez prendre le temps de dresser la liste des talents de chaque enfant, en faisant participer les autres membres de la famille, pour renforcer l'idée que les talents sont des dons de l'esprit qui nous aident à trouver le bonheur et à nous réaliser pleinement.

3. Incitez chaque enfant à faire quelque chose pour quelqu'un d'autre, si petit que soit le geste : ramasser un vieux papier qu'on trouve par terre au cours d'une promenade, tenir la porte ouverte pour une personne âgée, aider ses frères et sœurs à ranger leur chambre… Ce sont autant de petites attentions qui n'ont pas moins de valeur que les actions charitables. C'est l'intention du geste qu'il s'agit d'enseigner ici. Ce que l'on fait pour quelqu'un d'autre procure une satisfaction qui n'est pas comparable avec les plaisirs que l'on s'offre à soi-même — tel est, en substance, le message que vous devez transmettre, et non pas simplement l'idée qu'il est vertueux ou bien vu de rendre service (ce qui est trop souvent la motivation des adultes).

La volonté de rendre service s'accorde bien avec la notion que l'unicité est partout. Quand vous aidez les autres, vous avez l'occasion d'apprécier leur valeur, et le service est une manière directe d'exprimer cette appréciation. Un enfant qui rend service à un frère ou une sœur plus jeune, ou à un ami, découvre par son geste même combien l'autre est lui aussi un être à part. Ainsi, l'unicité se révèle comme une qualité que tout le monde possède.

Quand vous aidez les autres, vous vous rappelez à vous-même votre devoir d'enfant aimant du Tout-Puissant. Le mot « devoir » est synonyme de « dharma », et il recouvre les notions de devoir envers la société, envers vous-même et envers Dieu. Votre devoir envers la société est de servir les autres ; votre devoir envers vous-même est d'accéder à l'épanouissement spirituel ; votre devoir envers Dieu est de participer au plan divin pour l'évolution de l'humanité.

Notre rôle de parents n'est pas d'enseigner à nos enfants des règles strictes qu'ils n'ont pas le droit d'enfreindre. Nous les invitons plutôt à partager notre propre voyage, notre perception du sens de la vie, qui ne se tarit jamais. C'est un voyage dont la signification s'enrichit sans cesse. Il se peut que les très jeunes enfants ne soient pas en mesure de saisir la portée de ces paroles, mais ils peuvent parfaitement sentir que vous trouvez la vie excitante et merveilleuse. Votre perception du sens de l'univers parle plus haut que tous les mots.

RÉFLEXIONS
SUR LA LOI DU DHARMA

Une vie de sens révèle le sens de la vie.

Vous ne pouvez vous tromper sur le destin.
Que vous réussissiez ou non, vous êtes
dans le vrai.

L'univers a un sens :
l'accomplissement de la créativité
et du bonheur des hommes.

Ne jugez pas votre vie.
Chaque vie est un pas vers l'union avec Dieu.

Ne luttez pas pour découvrir
pourquoi vous êtes ici...
regardez simplement de plus près.

CONCLUSION

La seule chose
dont vous ne pouvez vous passer

Quelle est la seule chose dont les parents ne peuvent se passer ? Beaucoup de gens répondraient automatiquement « l'amour », ce qui est certainement vrai. Mais il faut alors se poser une question plus profonde : « D'où vient l'amour ? » En soi, le lien d'amour ne suffit pas, parce qu'il s'effiloche et finit parfois par se rompre. Nous élevons tous nos enfants selon des principes qui nous sont dictés par ce que nous appelons l'amour, et, pourtant, les jeunes d'aujourd'hui ont encore d'horribles problèmes.

La seule chose, plus profonde encore que l'amour, dont vous ne pouvez vous passer, c'est l'*innocence*. L'innocence est la source de l'amour. L'innocence, comme je l'entends ici, n'est pas la naïveté. C'est tout le contraire. L'innocence est l'ouverture. Elle s'appuie sur une profonde connaissance spirituelle de plusieurs questions essentielles.

L'innocence, c'est savoir que vous pouvez guider vos enfants, mais jamais les contrôler. Vous devez être ouvert à la personne qui est en chaque enfant, une personne qui doit être différente de vous. Dans l'innocence, c'est un fait que l'on peut accepter d'un cœur paisible.

L'innocence, c'est savoir que la vie n'est jamais certaine. Vos enfants vont s'aventurer dans des directions que vous ne pouvez prévoir, faire des choses que vous n'auriez jamais faites. L'incertitude est nécessaire, parce que la vie n'est que changement. Dans l'innocence, vous pouvez accepter cela : vous saurez renoncer à la tentation d'élever vos enfants conformément à vos préjugés.

L'innocence, c'est savoir que l'amour est plus profond que les événements superficiels. En surface, le parcours d'un enfant est hésitant et difficile. Nous désirons tous enseigner à nos enfants les leçons qui nous ont paru les plus dures à apprendre ; nous voulons tous les protéger des douleurs inutiles. Mais, dans l'innocence, nous comprenons que la surface de la vie nous distrait du voyage plus fondamental que toute personne doit entreprendre. C'est le voyage de la construction de l'âme. La construction de l'âme s'opère sous l'œil attentif de l'esprit. Nous pouvons aider nos enfants à prendre conscience de l'importance essentielle de leur âme, mais nous ne sommes pas responsables de leur voyage. C'est un accord unique que chaque personne passe avec son Soi suprême.

Si je devais réunir en une seule phrase tous ces éléments, je dirais : « L'innocence, c'est savoir que votre enfant est le vôtre et n'est pas le vôtre pourtant. » Chacun, en définitive, est un enfant de l'esprit. Nous appartenons tous à une famille, mais c'est une forme d'appartenance très vague. Nous appartenons surtout à nous-même, c'est-à-dire à notre esprit, notre âme ou notre essence.

Regarder un enfant avec amour, c'est voir en lui cette étincelle du divin. Il est facile de dire que chaque enfant est unique et précieux, mais ce qui fait la vérité de cette affirmation, c'est l'innocence, c'est la capacité de voir l'enfant comme une âme qui chemine sur la voie de sa construction. Il nous faut pour cela renoncer à certains préjugés profondément enracinés dans le rôle parental.

Les parents ont l'habitude d'incarner l'autorité. À ce titre, nous nous plaçons au-dessus et hors d'atteinte de nos enfants : plus malins, plus puissants, plus expérimentés, maîtres de l'argent et des biens. Du haut de cette position de pouvoir, les parents peuvent porter des jugements, infliger des punitions, définir les règles du bien ou du mal avec un sens clair du devoir et de la finalité.

Ce livre propose une vision différente du devoir et de la finalité. Ici, le parent n'est pas une autorité. Vous êtes, vous et votre enfant, deux âmes qui cheminent sur la voie de leur construction. La seule différence consiste dans les rôles que vous avez choisis. Toutes les âmes sont immortelles ; elles ne peuvent être créées ou détruites. Mais nous choisissons, pour un temps, le rôle que nous jouons.

Le mieux que vous puissiez faire pour vous-même, d'un point de vue spirituel, est de jouer votre rôle de parent avec une conviction, une réso-lution et un amour absolus. Les raisons qui ont dicté votre choix du rôle de parent sont, en fin de compte, égoïstes, au sens le plus positif du terme : c'est que ce rôle va vous élever et vous inspirer plus que n'importe quel autre. Il en va de même pour votre enfant. esprit immortel et omniscient, votre enfant a décidé de devenir un petit être vul-nérable et faible, totalement dépendant de votre soutien. Tel est le rôle que joue l'enfant, avec une conviction totale. Et pourtant, l'un et l'autre, dans votre rôle, vous êtes des âmes pures, égales et unies. L'innocence vous permet de le comprendre, de jouer le rôle, et néanmoins d'aller au-delà.

Certains trouveront peut-être à redire à cette conception, mais je pense que tous les parents ont connu des moments où le regard d'un enfant parle d'infinie sagesse, d'expériences qui vont bien au-delà de cet instant particulier dans le temps et dans l'espace. Je l'ai vécu avec mes propres enfants. Je les ai mis au lit, je leur ai raconté des histoires, j'ai joué au ballon avec eux et j'ai assisté fièrement à leurs spectacles de danse. Tan-dis que je faisais cela, j'étais le papa et ils étaient les enfants.

Mais il y a eu d'autres moments, plus rares, où la façade s'est écroulée. J'ai vu mon fils me lan-cer un regard qui disait : « Nous y revoilà. Quelle partie intéressante nous jouons cette fois. » J'ai vu ma fille sourire d'une telle façon que j'ai su qu'elle était à deux doigts d'éclater de rire devant les masques que nous avions revêtus pour rendre nos rôles plus vivants.

Dans ces regards et ces sourires précieux, j'ai senti le lien d'innocence, qui est plus puissant que l'amour parce qu'il le transcende. Au lieu d'être une simple unité avec ses propres triomphes et ses échecs, chaque famille est une communion d'âmes. Ce que nous avons en commun, ce n'est pas l'endroit où nous vivons, les écoles que nous fréquentons ou le métier que nous exerçons. Nous naviguons ensemble sur les mers d'immortalité, voilà le véritable lien. Si vous pouvez voir au-delà du jeu et tenir encore votre rôle avec amour et conviction, alors je crois que votre démarche de parents est vraiment spirituelle.

Enfin, les Sept Lois spirituelles ne sont que des manières d'y parvenir. Elles nous rappellent qu'ils faut laisser l'innocence couler librement. Il y a beaucoup de choses dans ce monde qui peuvent la détruire. Je ne pense pas que l'on puisse se passer de la loi spirituelle : c'est elle qui décrit le fonctionnement de l'univers tel qu'il se déploie, de l'Être pur et non manifesté dans l'infinie variété du monde créé. Si vous vivez en accord avec les lois spirituelles, vous serez en harmonie avec l'intelligence illimitée de l'Être. Ainsi, comme parents, ce que nous enseignons à nos enfants ne diffère pas de ce que nous devons nous-mêmes continuer à apprendre.

Laissez l'innocence couler librement. Tout dépend d'elle.

Remerciements

Ma gratitude la plus profonde va à ma famille, qui m'a toujours soutenu et m'a enseigné le vrai sens du succès ; au personnel du Chopra Center for Well Being *de La Jolla, en Californie, et de* Infinite Possibilities, *dans le Massachusetts ; à ma famille d'élection d'Harmony — et tout particulièrement à Peter Guzzardi, Patty Eddy, Tina Constable et Chip Gibson ; et enfin, comme toujours, à Muriel Nellis, la marraine de toutes mes velléités littéraires.*

Table

L'auteur

Deepak Chopra a publié dix-neuf livres, traduits en plus de trente langues différentes. Il est aussi l'auteur d'une bonne trentaine de séries de cassettes audio et vidéo, dont cinq productions télévisées saluées par la critique : *Body, Mind and Soul ; The Seven Spiritual Laws of Success ; The Way of the Wizard ; The Crystal Cave* et *Alchemy*. Le Dr Chopra dirige aussi les programmes de formation du Chopra Center for Well Being de La Jolla, en Californie.

Deepak Chopra et Infinite Possibilities International proposent un grand nombre de séminaires, de produits et de programmes de formation. Pour tout renseignement, adressez-vous à : Infinite Possibilities International, 60 Union Avenue, Sudbury, MA 01776, USA. 1-800-858-1808 (numéro vert)/(508) 440-8400. Pour les questions d'ordre médical et les programmes relatifs à la santé, adressez-vous à : The Chopra Center for Well Being, 7630 Fay Avenue, La Jolla, CA 92037, USA. 1-888-424-6772 (numéro vert)/(619) 551-7788.

Réseau mondial pour le succès spirituel
PO Box 2611
La Jolla, CA 92038
USA

Chers amis,

Ce livre est une réponse aux milliers de lettres que m'ont adressées des lecteurs des *Sept Lois spirituelles du succès*. Le Réseau mondial pour le succès spirituel est né d'une demande comparable. Par l'intégration consciente des Sept Lois spirituelles dans la vie quotidienne, le réseau s'est développé en une famille universelle qui se consacre à l'expansion de l'amour. Chaque jour de la semaine, nous nous concentrons sur une seule loi, en commençant le dimanche par la Loi de la Pure Potentialité, pour boucler le cycle le samedi avec la Loi du Dharma, et nous employons collectivement le pouvoir de l'intention à transformer la vie sur terre pour nous-mêmes et pour nos enfants.

En vous joignant au Réseau mondial, vous pouvez entrer en contact avec d'autres membres dans le monde et recevoir des supports d'information et d'inspiration pour encourager et approfondir votre développement. Si vous souhaitez devenir membre, envoyez une enveloppe affranchie à votre nom (ou une adresse E-mail) à l'adresse ci-dessus. Nous vous ferons parvenir un formulaire d'inscription et une carte des Sept Lois spirituelles.

Le Réseau mondial pour le succès spirituel est une expression de mon amour pour la famille. Notre famille universelle s'accroît, se transforme et cherche sa voie. Je vous invite à consacrer votre amour et votre énergie à la création d'un merveilleux terrain de jeu pour nos enfants universels. Je ne puis imaginer d'expérience plus gratifiante.

Avec tout mon amour,

Deepak Chopra

DANS LA MÊME COLLECTION

M. Friebe, *La méthode Alpha, comment agir sur votre inconscient*
Dr H. S. Friedman, *Les Secrets de l'autoguérison*
J.-M. Grandsire, *Contacts avec l'au-delà*
C. Griscom, *L'Éveil intérieur*
P. Gros, *L'Art et la pratique spirituelle du Reiki*
G. Gruais et G. Mouny, *Le Grand Secret du Sphinx de Guizèh*
       Le Grand Secret des pyramides de Guizèh
       Guizèh, au-delà des grands secrets
G. Guilpain, *Initiation à l'effet Kirlian*
M.-O. Hermand, *Le Tarot divinatoire — guide et initiation*
J. Hermès, *Messages et enseignements de l'ange gardien*
P. Heselton, *Initiation aux mystères de la terre*
K. Hochhuth, *Initiation au Reiki*
B. Hopkins, *Enlèvements extraterrestres, les témoins parlent*
J. Humbert, C. Desarzens, *Énergies d'éveil et de guérison*
L. Jampolsky, *Affirmez votre personnalité*
P. Joly, *La Maison qui guérit*
S. Keen, *À la recherche de l'homme perdu*
C. Kisacanin, *Dialogues avec les morts*
B. Klein, *L'esprit du T'ai-chi-Ch'uan*
D. Koechlin de Bizemont, *Edgar Cayce : guérir par la musique*
       Edgar Cayce : recettes de beauté et de santé
       Les Prophéties d'Edgar Cayce
E. Kübler-Ross, *La Mort, dernière étape de la croissance*
       La Mort et l'enfant
       La Mort, porte de la vie
       La Mort est un nouveau soleil
       Vivre avec la mort et les mourants
H. Kurt, *Dictionnaire des rêves de A à Z*
D. Labouré, *Comment devenir riche ?*
Y. Lavalou, *La Radiesthésie*
J.-Y. Le Fèvre, G. Cheikh, *La Magie africaine, les cauris : paroles des dieux*
A. Le Kern, *La Géomancie, un art divinatoire*
R. Le Lann, *Ces ondes qui nous soignent*
       Développez votre énergie vitale
A.-B. Leygues, *Do in, la voie de l'énergie*
E. Liechti, *Initiation au shiatsu*
A.-M. Lionnet, *Isabelle, une lumière dans la nuit*
       L'Amie invisible
       Lumières de l'Au-delà
       La Flamme de l'espoir

M. Simonet, H. Mich, *Messagère de l'au-delà*
R. Smith, *Edgar Cayce et nos vies antérieures*
G. Sorgel, *La Bible à l'aube de l'Ère du Verseau*
J. Stiegler, *Dozulé, l'ultime message du Christ à l'humanité
Nouvelles révélations avant l'an 2000*
M. Thurston et C. Fazel, *Créez votre propre futur avec
Edgar Cayce*
J.-L. Toye, *La Sophrologie, des essences à la vacuité*
Y. Tywoniak, *Le Guide de la voyance par téléphone*
B. Weiss, *Nos vies antérieures, une thérapie pour demain*
J.-M. Weiss et M. Chavelli, *Se soigner et guérir par les
couleurs*
P. Wills, *Initiation à la thérapie par les couleurs*
S. Wilson Estep, *La Communication avec les morts*

CET OUVRAGE A ÉTÉ REPRODUIT
ET ACHEVÉ D'IMPRIMER SUR ROTO-PAGE
PAR L'IMPRIMERIE FLOCH À MAYENNE
EN DÉCEMBRE 1998

Éditions du Rocher
28, rue Comte-Félix-Gastaldi
Monaco

Dépôt légal : décembre 1998.
N° d'édition : CNE section commerce et industrie
Monaco : 19023.
N° d'impression : 45033.

Imprimé en France